新时代版

上下五千年

总 主 编　张海鹏

执行主编　王育济　于化民

8

清

少年儿童出版社

河北承德避暑山庄水心榭冬景

出版工作委员会

主　任
冯　杰

副主任
洪星范 林　斌

编辑组成员
孙浩伟 马淑艳 曹　燕 王浩浩 王奔惑

美术总监
赵晓音

整体设计
施喆菁

技术编辑
吴轶伟 许　辉 陈钦春

责任校对
石玲凤 沈丽蓉 陶立新 黄亚承 黄　岚

特约编审
沈　岩

出版工作组

《新时代版上下五千年·清》

责任编辑 马淑艳
美术编辑 施喆菁
装帧设计 施喆菁
插图绘制 谭　婷
排　　版 上海商务数码图像技术有限公司

编撰委员会

总主编

张海鹏

执行主编

王育济

于化民

断代史编委

裘士京 （远古与夏商西周史）

商国君 （春秋战国史）

周作明 （秦汉史）

张友臣 （三国史）

戴显群 （两晋南北朝隋史）

刘玉峰 （唐五代史）

马斗成 （北宋史）

葛焕礼 （南宋、辽西夏金元史）

牛建强 （明史）

王维江 （清史）

赵兴胜 （民国史）

刘大可 （中华人民共和国史）

专题史编委

李红岩 （史学理论与史学史）

廉湘民 （民族与宗教史）

谭世宝 （港澳史）

孙若怡 （台湾史）

姜　生 （科技史）

马文大 （文献版本与文学史）

杨加深 （艺术史）

郑　群 （中外关系史）

解玉军 （中外关系史）

序 言

中国是世界文明古国之一，有五千多年的发展史。中华文明是世界上唯一不曾中断的文明史，有着自己独特的文明特质。“上下五千年”代指整个中国历史。作为中国人，应该了解自己民族的历史，树立起文化自信、民族自尊。

“四十年阅读魅力，五千年璀璨文明。”《上下五千年》是我国第一部贯通中华五千年文明的少儿历史通俗读物，由林汉达先生开创了“以故事讲历史”的形式，自从二十世纪七八十年代问世以来，一直受到读者的热烈欢迎，在海内外产生了广泛而深远的影响，由此成为少年儿童出版社的经典品牌图书。从第一版到现在，《上下五千年》已经完成了几次重大的内容更新与增补，给几代读者留下了美好的阅读记忆。

党的十八大以来，中国进入社会主义的新时代，学习和把握上下五千年的中华历史，重构对中华文明的尊重与思考，发扬中华优秀传统文化的特质，建立更深沉、更持久的文化自信，已经成为中国文化发展的一个崭新标识。在这样一种宏大的社会背景中，少年儿童出版社认真总结了过去四十余年的出版经验，对《上下五千年》从内容到形式进行了全面改造，推出了符合新时代需求的全新版本。

这次推出的《上下五千年》（新时代版），以“弘扬正气，积极向上；当代意识，现实观照；以事带史，小中见大；故事性强，文辞优美；言之有物，力避空泛”为宗旨，对全书的规模、版块、内容、艺术表现和包装等，重新进行了整体设计。从中国上下五千年的历史长河中，精选数百个条目，按照习近平总书记“讲好中国故事”的要求，以图文并茂的形式把中国历史呈现给小读者。

在近三年的编纂过程中，二十余位史学界权威专家教授组成了编委会，七十余位中青年史学家组成作者团队，大家本着严谨求实的态度，在新时代史学观念的指引下，重新拟定条目、遴选素材，充分吸收新的研究成果，不仅按照时间顺序勾勒出中国历史发展的主线，还增加了许多专题史内容，生动展现出中华民族一路走来的曲折历程和创造的灿烂文化。作者们撰写各篇目时，延续了林汉达先生开创的“以故事讲历史”的形式，在保证专业性的同时，也注重故事性、可读性，并且搭配了许多插图、历史照片、小贴士、名人名言等，以期更符合当代小读者的阅读习惯、审美趣味和认知能力。

少年儿童是祖国的未来，是中华民族的希望。为少年儿童服务，就是为祖国的未来服务。现在这一代少年儿童，在中华人民共和国成立百年，即中华民族伟大复兴完成的时候，他们当成长为国家的栋梁之材。帮助他们了解中华民族五千年文明发展史，就是帮助他们系好人生的第一粒纽扣，不仅能让更多小读者从历史中看到华夏文明的璀璨、民族精神的可贵，还能激发他们的民族自豪感和为中华民族伟大复兴事业献身的爱国主义热情。少年儿童出版社及时推出了符合时代需求的《上下五千年》全新版本，相信可以在普及国民历史教育，尤其是在普及少年儿童的历史教育、构筑国家文化战略的根基方面，发挥应有的作用。

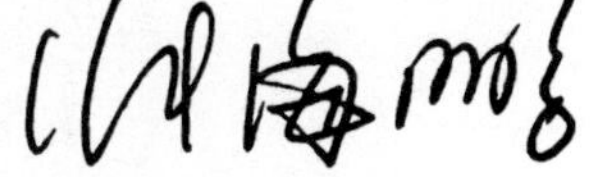

目　录

王朝余晖

千年变局

清代早期彩绒龙袍料

王朝余晖

《上下五千年·清》是丛书的第八册，分为《王朝余晖》《千年变局》两个篇章。其中《王朝余晖》主要讲述了清朝前期（1616—1840）的故事。

从入关到第一次鸦片战争，清朝经历过六位皇帝，其中康熙、雍正、乾隆三位皇帝就统治了近一个半世纪。康熙、乾隆在位的时间都超过六十年，史称“康乾盛世”。

编修《四库全书》，开设博学鸿儒科，以及皇帝亲赴曲阜祭拜孔子，是康乾盛世的“文治”；收复台湾，平定云南、蒙古、西藏、新疆等边疆地区此起彼伏的各种分裂动乱，是康乾盛世的“武功”。经过一百多年的不懈努力，抢在帝国主义列强侵略中国之前，稳固了“大中华”的疆域版图，这是清朝，也是王朝体制最后的辉煌。

世界格局当时已发生翻天覆地的变化，但清朝统治者却沉醉于天朝大国无所不有的梦幻中。英国使臣马戛尔尼觐见乾隆皇帝怏怏而归，正是四十年后鸦片战争腥风血雨的前奏。

清朝前期，中国文化自我更新的内生底蕴依旧强劲。王夫之、顾炎武、黄宗羲都对王朝体制有过深刻质疑。《聊斋志异》“写鬼写妖，高人一等”，《红楼梦》则“悲凉之雾，遍被华林”，这两部成书于康乾盛世的伟大小说，折射出王朝体制的落日余晖。

努尔哈赤建立后金

在中国历史上，清朝是唯一由少数民族建立且存在时间超过两百年的大一统政权，它的开创者是杰出的军事家努尔哈赤。努尔哈赤姓爱新觉罗，原是建州女真的一个落魄贵族子弟，他凭着在艰难险境中顽强图存的意志，一步步逆袭，最终完成了统一女真的大业。

十三副遗甲起兵

东北的长白山西麓，蜿蜒流淌着一条美丽清澈的小河。河流穿过千沟万壑，途经茂密丛林，在下游赫图阿拉（今辽宁新宾西）附近形成一片宽广的平原。这里土壤肥沃，水草丰美，人民安居乐业。这条河名叫苏克素护河。苏克素护河平原自明代起一直是建州女真人的主要聚居地，努尔哈赤就出生在这里。

努尔哈赤朝服像

努尔哈赤的家族显赫一时，其五世祖董山是明朝任命的建州左卫指挥使，势力范围一度拓展到整个建州。但到努尔哈赤出生时，家道早已中落。

努尔哈赤从小骑马射箭，练就一身好武艺。他童年丧母，继母待他刻薄寡恩，父亲则是“妻管严”。为维持生活，努尔哈赤和同伴一起深入林海莽原打猎、挖人参、摘松子、采蘑菇……然后赶往抚顺关的马市进行贸易。抚顺关马市是当时汉人和女真人、蒙古人贸易的重要场所之一。努尔哈赤在这里结交了不少汉人、蒙古人朋友。善于学习的他，渐渐粗通汉文、蒙语，并对明朝的政治时局、辽东地区的山川地形了如指掌，胸襟见识也远非往日可比。

二十四岁那年，一场突如其来的灾难降临在努尔哈赤身上。当时明朝对女真等族采取“分而治之，以夷制夷”的策略，女真各部四分五裂，社会动荡不宁。建州女真以王杲（gǎo）势力最大，他屡屡犯边，被明军抓获问斩。王杲的儿子阿台袭杀明军，想为父报仇。明万历十一年（1583年）二月，明将李成梁在图伦城主尼堪外兰的指引下，率兵直捣阿台的驻地古勒寨。阿台是努尔哈赤祖父觉昌安的孙女婿，当时觉昌安和儿子塔克世（即努尔哈赤的父亲）一起前去古勒寨，想劝说阿台投降，结果两人被明军误杀。噩耗传来，努尔哈赤悲痛欲绝。明朝为安抚他，送还了觉昌安和塔克世的遗体，并让他继承塔克世的职务，担任建州左卫指挥使。

血仇未报，努尔哈赤不愿善罢甘休，可是又不敢得罪明朝，只好把满腔怨恨发泄在暗引明军屠城的尼堪外兰身上。他跑到明朝边吏那里，请求他们交出尼堪外兰。明朝不但拒绝了这一请求，还帮助尼堪外兰筑城，准备扶植他做建州之主，充当牵制建州女真各部的傀儡。

眼看许多部落纷纷投靠尼堪外兰，甚至不少同族中人也选择背叛，加入尼堪外兰的阵营，努尔哈赤的处境越发凶险。走投无路之下，他集合身边的忠勇之士和周边部落的盟友，精心策划出一套攻打图伦城、消灭尼堪外兰的详细作战方案。同年五月，他凭借祖父、父亲留下的十三副铠甲，率兵百人，一鼓作气顺利攻克图伦城。虽然此役没能活捉尼堪外兰，却使努尔哈赤一战成名，锋芒初露。

这一年是努尔哈赤命运的转折点。他遭遇父亲、祖父丧生的巨大不幸，自己也面临生死存亡的难关。在紧要关头，他没有消沉绝望，而是化悲愤为力量，立誓斩杀尼堪外兰，为亲人报仇雪恨。以攻打尼堪外兰、攻克图伦城为起点，努尔哈赤开启了统一建州女真的艰险征程。

古勒山大败九部联军

起兵三年以来，努尔哈赤不断攻取建州女真的苏克素护河部、董鄂部、浑河部等部族，势力逐渐强大起来。明朝再也不敢轻视他，为息事宁人，就把尼堪外兰交给他杀掉了。努尔哈赤为了麻痹明朝，依旧称臣纳贡，向辽东总兵李成梁示好，同时暗中扩张领地，兵力发展壮大到上万人。

努尔哈赤的羽翼日益丰满，引起周边海西女真的叶赫、乌拉、哈达、辉发等部警惕。万历二十一年九月，叶赫部集结九部联军，兵分三路，向苏克素护河的古勒山进发，想要以武力制服努尔哈赤，称雄建州。

努尔哈赤接到探子来报，说九部联军入夜到达浑河北岸，生火做饭，火密如星，饭罢启程，拂晓便可压境。他听了不动声色，酣睡如常。他的妻子赶紧推醒他，问道："九部联军要打来了，这个时候你怎么还能睡得着？你心里害怕了吗？"努尔哈赤笑着回答："如果我真的害怕了，哪里还睡得着呢？"原来他早已根据有利地形做好了严密部署：在敌兵来的路上埋伏好精兵，在高高的山岭上放置滚木礌石，在沿河峡路上设置横木障碍，只等天一亮就可以迎敌。

辽宁新宾赫图阿拉城塔克世故居

明嘉靖三十八年（1559年），努尔哈赤即出生于此。

第二天一早，九部联军果然向着古勒山的方向扑杀过来，势如潮涌，喊声震天。这时建州军队设置的重重关卡开始发挥作用。联军被阻在山谷里，兵不能成伍，马不能成列，首尾不能相顾，士气受挫，加上劳师远袭、疲惫不堪，战斗力削弱不少。

努尔哈赤率精兵在山上蓄势待发。一声令下，建州兵士奋力向前，勇猛厮杀，联军中打头阵的叶赫部首领布斋在混乱中被斩于马下。其他部族一看形势不妙，拨转马头，四散奔逃。建州军集中兵力合围夹击，九部联军被打得溃不成军。滚木礌石所过之处，联军兵马填江而死的不计其数。努尔哈赤战果丰硕，缴获战马三千匹，铠甲一千副。

古勒山大败九部联军后，努尔哈赤声威大震，被明朝封为“龙虎将军”。古勒山之战改变了建州女真和海西女真的力量对比，为努尔哈赤统一女真、建立后金奠定了坚实基础。

努尔哈赤之所以能够在历次大战中立于不败之地，除了自身的智谋胆略之外，还因为他组建了一支铁骑队伍——八旗军。

女真人狩猎时，每人出一支箭，十人立一首领，称为“牛录额真”。屯垦田地、征丁赋役都是以牛录为基础单位，额真则为满语“主子”“君主”的意思。随着统治区域的扩大，归并的部族越来越多，为有效管辖部民，努尔哈赤对牛录制度进行了扩编、改组。每三百人设一牛录额真，五牛录设一甲喇额真，五甲喇设一固山额真。固山是“旗帜”的意思，一固山就是一旗，每个固山各有特定颜色的旗帜。

万历四十三年，努尔哈赤建立八旗制度。八旗制度是以旗统人、以旗统兵、军政合一的社会组织形式，平时耕垦狩猎，战时披甲出征。八旗制度的

八旗

努尔哈赤在黄、白、红、蓝四旗的基础上增设四旗，形成了八旗——正黄、正白、正红、正蓝、镶黄、镶白、镶红、镶蓝。

八旗盔甲

受明代铠甲影响，清代八旗军队装备着大量绵甲。绵甲外层以多层棉片制成，内衬铁甲片，可以有效抵御早期火器的攻击，轻便保暖。

实行，提高了女真的军事战斗力，也促进了社会的发展。

马背上创制满文

此时的明朝万历朝廷内政腐败，边防松弛，对努尔哈赤在辽东的崛起昏聩不觉。努尔哈赤四处攻城略地，所向披靡，不断扩大着统治版图。不过，军事上的成功并没有让努尔哈赤骄傲自大，反而促使他清醒地认识到本族文化的落后。

努尔哈赤曾多次赴明都北京进贡，领略过中原王朝的礼仪制度与政情民俗。紫禁城的尊贵威严、汉文化的先进发达，都给这位素有大志的满族青年留下了深刻印象。因此，他十分注意向汉人学习，吸收汉文化之所长。他早年重用的谋士中就有一位汉人，名叫龚正陆。龚正陆被掳掠到建州军中后，努尔哈赤对他非常器重，让他掌管文书，起草奏议，参与机密。在龚正陆的影响下，努尔哈赤不只爱好《三国演义》《水浒传》等小说，还接触到更多的汉文典籍。他甚至让自己的子侄拜龚正陆为师，学习汉文化。

在汉文化中浸润日久，努尔哈赤深谙文字教化人心的力量。秦代以来实行“书同文”的政策，汉文化得以广泛传播千余年。可是女真文字在蒙古灭金后就渐渐失传，到明朝已无人通晓。当时女真人之间但凡有公文往来，首先要由城里懂蒙古语的巴克什（意为大儒、有知识的文人）用蒙古文写下来，传递到另一城后，再由巴克什翻译成女真文。经过层层翻译的公文往往词不达意，贻误战机。如果直接用蒙古文颁布政令、军令，普通女真部民既听不懂，也看不懂。努尔哈赤暗下决心，要改变这一现状。

万历二十七年，努尔哈赤召见手下最有才华的两位大臣额尔德尼和噶盖，商议创制满文事宜。当二人听说要“以蒙古字编成国语”时，都表示造字虽好却无从下手。努尔哈赤说：“这有什么难的？只要用蒙古文的字母，拼写女真文的发音，连缀成句，就可以听得懂，也看得懂了。”二人大受启发，创制了“满文”。

满文诞生后，在统一的女真地区被大力推行，文书诏令全部用满文书写。后世将这种文字称为“老满文”或“无圈点满文”。文字的创制，是满族文化发展史上的一座里程碑。

由努尔哈赤主持、额尔德尼和噶盖创制的无圈点满文，流传至今的主要历史文献是《满文老档》。据《满文老档》记载，创制满文为学校教育提供了重要手段。努尔哈赤下达文书，在八旗中选择师傅，创办学校，让青少年入学读书。

努尔哈赤在统一建州女真、打败九部联军后，创制满族文字，又吞并哈达部，建立独立政权、与明朝分庭抗礼的时机日渐成熟。万历三十一年，努尔哈赤建赫图阿拉城。万历四十四年，他在赫图阿拉城即位称汗，并定都于此，建元天命，国号为“金”，史称“后金”。后金天命六年（1621年），努尔哈赤迁都至辽阳，赫图阿拉成为“老城”。天聪八年（1634年），赫图阿拉被尊称为“兴京”。（施婧娴）

建州三卫

建州三卫是明朝在东北地区建州女真聚居地设置的三个地方军事行政机构的合称，包括建州卫、建州左卫、建州右卫，其指挥使一般为经明朝政府认可的女真族世袭首领。

沈阳故宫大政殿

后金天命十年（1625年），努尔哈赤迁都沈阳，在此营建宫殿，这就是今天沈阳故宫的前身。沈阳故宫融合了汉、满、蒙建筑风格，是努尔哈赤、皇太极两代统治者的办公起居之所。皇太极在这里去汗号称帝，改国号为清。在清军入关定都北京后，沈阳故宫成为陪都行宫。沈阳故宫是除了北京故宫外中国现存最完整的古代帝王宫殿。

清朝开国皇帝皇太极

皇太极是后金第二位大汗，他在位期间，大力发展生产，重视八旗子弟教育，提拔和招揽汉族优秀人才，又用离间计使明朝崇祯帝杀掉大将袁崇焕，为清军日后入主中原奠定了坚实基础。

得人才者得天下

后金天命十一年（1626年），一向战无不胜的努尔哈赤在宁远（今辽宁兴城）与明军对垒时，遭遇了生平未有的“宁远之败”，不久郁郁而终。此时的后金风雨飘摇，外部受明朝、鞑靼、朝鲜的包围，内部由于贵族分权，矛盾冲突日益严重。危难之际，皇太极被推举为新汗。他不负众望，不仅迅速稳定了政局，收服朝鲜和漠南蒙古，而且五次入关作战，为清朝日后入主中原、问鼎北京奠定了根基。

皇太极是努尔哈赤第八子，他十一岁丧母，十九岁带兵打仗，三十四岁即后金汗位，在位十七年，五十一岁去世，庙号“太宗”，是清朝继努尔哈赤之后又一位杰出的政治家、军事家。

努尔哈赤晚年曾经大量迁徙治下汉民，强占田地，屠杀儒生，致使汉人逃亡，田园荒芜。皇太极即位之初，为了安定人心，对其父汗的失误之策适时进行调整，不仅善待归降汉人，编为民户，让他们安居乐业，而且优礼汉官，给予田地，分配马匹，进行赏赐，委任官职。皇太极明白，谁能获得更多优秀人才，并最大限度地发挥他们的智慧与才能，谁就能在战争中拥有更大的胜算。

皇太极朝服像

努尔哈赤对归降的明朝官员怀有很深的猜忌，不予重用，给他们的待遇也很差。这些人不仅不能骑自己的马，耕种自己的田地，病故之后妻子还要给贝勒（满语，原意是部落首领）当奴隶。到了皇太极时期，汉官的地位才有了显著提升。清初重臣范文程就是典型例子。

范文程出身名门，天命三年努尔哈赤攻陷抚顺时，他归降后金。虽然他一度受到努尔哈赤的重视，但因其汉人身份，一直默默无闻，直到皇太极执政后他才开始参与军机，并得到皇太极的极大尊重。每逢议事，皇太极总问："范章京知道吗?"不直呼其名而用官职"章京"予以尊称。遇到奏事有不当的地方，皇太极也总说："为什么不和范章京商量呢?"如果大臣回答"范章京也这么说"，他才认可。有一次范文程在皇宫进餐，看着满桌子的美味佳肴，想起了家里的老父亲，就停下筷子不吃了。皇太极明白他的心思，立刻派人快马加鞭把美食送到范文程家里。

为了吸引大批汉族优秀人才尽忠效力，天聪三年（1629年），皇太极首开科举考试，得中者两百人。这些人原已沦为奴仆，通过考试，不但获得了人身自由，还获得了布帛、免除徭役等奖励。后来皇太极又举行汉人生员考试，取中两百二十余人。他又从中录取举人加以重用，其中有些人被任命为八旗学校的教师，有些在后金参与政事。这些举措反响强烈，使得新汗"仁声远播"。

除了吸纳汉族优秀人才，皇太极对本族八旗子弟的教育也非常重视，屡次谕令诸贝勒、大臣的子弟读书。只是战争频仍，往往无暇兼顾，八旗将领也觉得读书对行军打仗没什么实质作用，积极性不高。

天聪五年的大凌河一役，皇太极发现有些明军虽然被围困城中，弹尽粮绝也要坚持到最后，绝不投降。这一幕令他内心受到很大的触动，认为汉人读圣贤书，明白忠君的道理，因此打仗有气节。于是他强令贝勒、大臣家凡是八岁以上、十五岁以下的子弟，都必须入学读书，识字明理。若有不愿教子读书者，不许带兵出征。就这样，皇太极逐渐将八旗教育导入正轨。

皇太极是个"三国迷"

皇太极虽然积极提倡八旗官兵学习文化，无奈后金缺少翻译人才，并无多少现成的满文书籍可读，为此他还多次向朝鲜国王写信求书。不过有一本书，皇太极不但对其中典故如数家珍，每每和大臣议论政事，也喜欢用书中人物打比方，这本书就是《三国演义》。皇太极行军打仗时常将其携带在身边，百读不厌。

皇太极还要求大臣们也读这本书。由于文武大臣多数不识汉字，他命范文程率一批兼通满汉文字的专家将《三国演义》翻译成满文。不等全书译完，他就把译好的精彩片段赏赐给大臣们。皇太极如此重视《三国演义》，初衷就是将它作为一部通俗易懂的政治和军事教科书。

皇太极一生最得意的事，就是借明朝崇祯帝之手除掉明将袁崇焕。这件事也和他爱读《三国演义》有关。袁崇焕在辽东战功卓著，曾取得宁远大捷、宁锦大捷等胜利，甚至在宁远之战中用红夷大炮重伤了努尔哈赤。后来崇祯帝即位，任

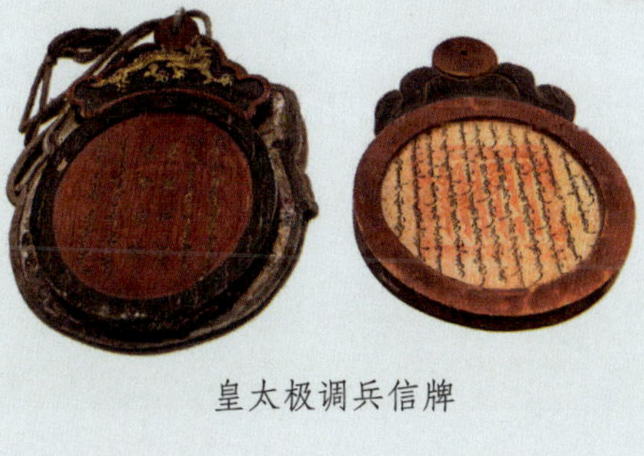

皇太极调兵信牌

命袁崇焕为蓟辽总督，总管辽东防务，专门对付皇太极及八旗军。

袁崇焕到任后，把宁远防线经营得固若金汤，让皇太极大为头疼。皇太极知道袁崇焕不好惹，就绕道蒙古地区，从明朝西北边境防卫薄弱处攻入了内地，直逼京城。后来袁崇焕奉命回师救援，在北京城外打退了入侵的八旗军。皇太极意识到，要想顺利进关，入主中原，必须除掉袁崇焕。

怎么除掉袁崇焕呢？正在他发愁之时，有人报告这次京城之战抓到了两个明朝太监。皇太极灵机一动，想起《三国演义》中蒋干盗书的故事，就精心布置了一场骗局。他让人假扮袁崇焕的使者过来送信，并大声在帐篷中与“使者”谈论割地议和之事，故意让太监杨某听到。后来清军假装疏忽放跑了他，他果然上当，一溜烟跑回京城向崇祯帝报告。

崇祯帝是一个疑心病很重的人，又年轻气盛，果然中了计。他本来就对袁崇焕在京城保卫战中救援不力感到不快，现在又听说他暗中与后金勾结，更加愤怒，就将袁崇焕逮捕下狱，后来以通敌卖国的罪名将他处死。这一举动无疑加速了明朝的灭亡。

红衣大炮打下的大清江山

明朝与后金有过几次大战，因火炮装备不佳，在善于野战的八旗军面前屡屡败北。为扭转在辽东战场上的不利形势，推崇西学、信奉天主教的明朝重臣徐光启上书请求造炮、建台，还通过在濠镜澳（今澳门）的传教士募购了八十多门西洋大炮。由于明朝人一开始是在海上见到荷兰军舰使用这种炮，荷兰人赤发红须，明朝人便称之为“红毛夷”，管这种西洋大炮叫“红夷大炮”，后金则称之为“红衣大炮”。宁远之战中，袁崇焕凭借布置在城头的十一门红衣大炮，重创后金军。这种新型火器的威力在此锋芒毕露，而努尔哈赤也在这年八月含恨而终。第二年，皇太极亲自出兵攻宁远，围锦州，明军再度将其击退，红衣大炮同样功莫大焉。

由于宁远、锦州等役接连失利，皇太极深刻

［明］戴进《三顾茅庐图》

戴进是明代浙派绘画的开山鼻祖。在这幅画中，他描绘了《三国演义》中脍炙人口的“三顾茅庐”的故事，画面中谦恭有礼的刘备与倨傲的关羽、张飞形成了鲜明对照。历史上，皇太极也和刘备一样爱惜人才，重用了范文程等一大批能臣。

认识到红衣大炮的威力，积极起用明朝降军中的军官和炮匠铸炮、操炮。为了加快进度，皇太极不惜给予这些俘虏、降人高官厚禄，换取他们贡献出造炮的核心技术。经过一轮又一轮试制，后金终于在宁远之败后的第五年，成功仿造出第一批红衣大炮，皇太极将其定名为“天佑助威大将军”。这些新式火炮由隶属八旗的汉兵操纵，在围攻大凌河城（今辽宁锦州东北）时首建奇功。自此以后，凡遇行军，皇太极必携红衣大炮。汉人组建的炮兵更是成为八旗军诸兵种中一个重要的独立兵种。

红衣大炮

反观明朝，自从宁远之战胜利以来，西洋大炮的热度逐渐降温。不断有言官对徐光启的战略部署提出质疑，指责他练兵是为了骗取官位、中饱私囊，堂堂天朝何须借重西洋兵器。因此，崇祯朝铸炮练兵长期处于停滞状态。雪上加霜的是，明朝登州（今山东蓬莱）叛将孔有德、耿仲明渡海降金，不仅给后金带去了西洋精制的红衣大炮，也带去了葡萄牙籍炮师培训的炮匠和炮手。从此以后，后金的红衣大炮质量愈精、数量愈多。在这场持续数十年的军备竞赛中，明朝一度遥遥领先，最终却被后金反超。当我们回顾这段历史的时候，忍不住悲叹明朝的闭目塞听、妄自尊大，也不得不佩服皇太极的远见卓识。

借助红衣大炮的威力，皇太极在辽东战场上步步为营，明军望风披靡。皇太极的野心早已不满足于称雄东北一隅，他不仅要做女真人的大汗，更要做汉人、蒙古人的大汗。天聪九年，皇太极改女真族名为“满洲”，次年在盛京（今辽宁沈阳）称帝，建国号“大清”，成为清朝的开国皇帝。（施婧娴）

清昭陵

清昭陵是清朝开国皇帝清太宗皇太极与孝端文皇后的合葬陵寝，位于辽宁沈阳北郊，又名“北陵”。它是清初关外陵寝中规模最大、最具代表性的一座帝陵，也是中国保存最完整的古代帝王陵墓建筑之一。

汤若望与《时宪历》

汤若望从欧洲带来的科学书籍和仪器，引发了中国官员和学者的浓厚兴趣，甚至博得了皇帝的青睐。明末，徐光启等人结合西方天文知识编纂出《崇祯历书》，但未及颁行，明朝便灭亡了。清朝建立后，汤若望删改《崇祯历书》后进呈清朝，清朝据此颁布《时宪历》。

一场特殊的"考试"

多尔衮画像

顺治元年（1644年）八月的一天，正好有日食。北京钦天监，一场特殊的"考试"正在进行。"主考官"是摄政王多尔衮的特使——大学士冯铨，参与"考试"的则是研习《大统历》、回回历和西洋新法（即西方天文学）等三种历法的学者们。

由于这些学者平时各持己见，争论不休，而天文历法对农业生产又有重大影响，多尔衮决定通过检测这一天日食的起止时间，公开考察三种历法的准确性。

结果表明，《大统历》的误差为半小时，回回历的误差则达到了一小时，只有西洋新法准确吻合。这个结果宣告了西洋新法及其制定者汤若望的胜利。

汤若望由此被任命为钦天监监正，成为清朝历史上第一位掌管国家天文台的外国人。这是中国接受西方近代天文学知识的重要事件。

汤若望画像

汤若望名字的来历

汤若望非常热爱中国传统文化，他的中文名"若望"取自《孟子》"文王视民如伤，望道而未之见"，意思是周文王爱护百姓，就像照顾伤员一样；周文王追求真理，却像没有得到一样，一直孜孜不倦。

汤若望与新历法

汤若望是德意志人，明末清初以传教士的身份来华。在中国的四十多年时间里，他将西方先进的天文学、矿物学、火器等科学知识传入中国，对中国科学的发展与进步有很大贡献。他撰写了中国第一本介绍西方光学和望远镜知识的著作——《远镜说》。他撰写的《火攻挈要》《火攻秘要》，详细总结了西方火器的制造工艺和使用方法，对提高中国火器的制造与使用水平产生了重要影响。他还将欧洲“矿物学之父”阿格里科拉的代表作《论冶金》翻译为《坤舆格致》，引进到了中国。

汤若望在科学上最主要的贡献在于天文学方面，尤其是他参与了《崇祯历书》和《时宪历》的编订工作。明朝末年，《大统历》在使用两百多年后，误差越来越大，亟须制定新的历法。在此背景下，崇祯帝下令徐光启领导新历法的编订工作。徐光启认为，中国当时的天文学知识已经落后于西方，因此新历法应该

《远镜说》

汤若望在明朝官员李祖白的帮助下，用中文写了介绍伽利略望远镜的《远镜说》，第一个将欧洲的最新发明介绍给中国，在后来的历法改革中起了相当大的作用。《远镜说》从原理、结构功能和使用方法上详细介绍了伽利略式望远镜。全书通篇条理清楚、浅显易懂、图文并茂，成为传播光学和望远镜制造技术的奠基性著作，对后世有重要影响。

日晷

以西方天文学的理论和方法为基础，而用中国传统历法的形式表现出来。在这一指导思想下，徐光启聘用了汤若望和另外几位西洋耶稣会传教士，如龙华民、邓玉函、罗雅谷等，参与新历法的编订。此次编订的成果就是共计46种137卷的《崇祯历书》，主要撰稿人是汤若望和罗雅谷。由于《崇祯历书》边修边改，质量参差不齐，内容也多有错误，清朝建立后，汤若望对《崇祯历书》进行了统一的删定工作，改为28种100卷，又增加了自己新编制的3卷，以《西洋新法历书》之名呈给清朝统治者。

影响深远的《时宪历》

顺治二年，清朝根据《西洋新法历书》颁布了《时宪历》，这是中国古代历法史上的最后一次大改革，影响深远。从此以后，清朝两百多年间官方天文学的理论基础均出自该书，学者学习天文学的教材也主要来源于此。

《崇祯历书》和《时宪历》采用了丹麦天文学家第谷·布拉赫和雷格蒙塔努斯的宇宙结构体系。该宇宙结构体系认为：所有的恒星和行星都围绕着太阳旋转，太

西方传教士向康熙帝介绍天文学知识

顺治帝信任汤若望

顺治帝对汤若望信任有加，私下尊称其为“玛法”（满语“老爷子”的意思），并任用他担任钦天监监正，官居五品。相传，正是采纳了汤若望的建议，顺治帝才将已患过天花并痊愈的玄烨确立为储君，玄烨即后来的康熙帝。

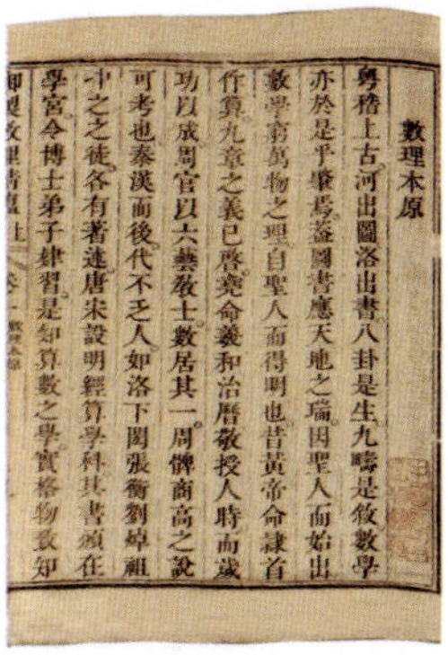
數理本原
粤稽上古河出圖洛出書八卦是生九疇是敘數學
亦於是乎肇焉蓋圖書應天地之瑞因聖人而始出
數學窮萬物之理自聖人而得明也昔黃帝命隸首
作算九章之義已啓堯命羲和治曆敬授人時而歲
功以成周官以六藝教士數居其一周髀商高之說
可考也秦漢而後代不乏人如洛下閎張衡劉焯祖
沖之之徒各有著述唐宋設明經算學科其書頒在
學宮令博士弟子肄習是知算數之學實格物致知
御製數理精蘊上編卷一 數理本原

《御制数理精蕴》书影

《御制数理精蕴》一般称《数理精蕴》，是清康熙年间编纂的一部介绍包括西方数学知识在内的数学百科全书。

阳和月亮都围绕地球旋转，地球静止不动。这是一种对地心说和日心说进行了折中的理论。从理论上来说，不如日心说那么科学，但是从实际操作的层面来讲，哥白尼的日心说在当时还较为粗糙，存在不少问题，第谷的理论则保留了日心说的优点，又避免了日心说带来的新问题，在天文推算上的准确度极高。比如，他推算的日食和月食出现时间的误差不超过几分钟。

《崇祯历书》和《时宪历》引入了地球、经度、纬度的概念，使用了几何学、球面天文学、大气折射、视差等西方重要的天文学研究成果。《崇祯历书》和《时宪历》介绍了太阳、月亮、金木水火土五大行星、恒星的运动原理及其位置的计算方法，介绍了日食、月食的原理及其推算方法，还详细提供了西方天文学的理论知识、天文计算所必需的数学方法、天文数据表、天文仪器的构造与使用方法、中西度量衡换算表等方面的知识。

总之，《时宪历》系统介绍了西方天文学知识，被称为“欧洲古典天义学百科全书”。《时宪历》的编制是中国古代天文学史上的一次重大革命，对我国旧有的天文学知识体系产生了很大的冲击，使我国天文学走上了中西融合、与近代天文学知识接轨的发展道路。（衣抚生）

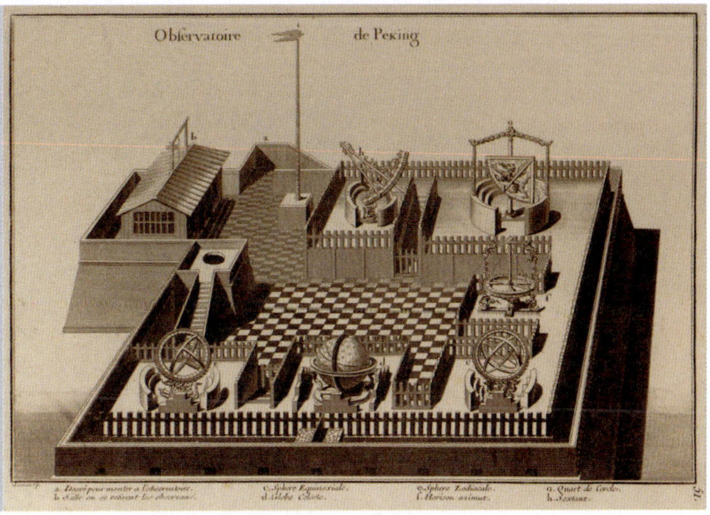

18世纪北京古观象台铜版画

修建布达拉宫

布达拉宫是一座规模宏大的宫殿式建筑群，最初兴建于吐蕃王朝松赞干布时期。17世纪重建后，布达拉宫成为历代达赖喇嘛的冬宫，西藏重大的宗教、政治仪式都在这里举行。布达拉宫的主体建筑为白宫和红宫两部分。1994年，布达拉宫被列入世界文化遗产名录。

决定修宫

举世闻名的布达拉宫，耸立在西藏自治区首府拉萨的红山之上，海拔3700多米，占地总面积36万余平方米，建筑总面积13万余平方米，主楼高117米，共13层，其中宫殿、灵塔殿、佛殿、经堂、僧舍、庭院等一应俱全，是当今世界上海拔最高、规模最大的宫堡式建筑群。

布达拉宫始建于7世纪吐蕃王朝松赞干布时期，17世纪清朝初期五世达赖喇嘛阿旺罗桑嘉措时期进行了扩建。现在人们所见到的布达拉宫建筑群，除法王修行洞和圣观音殿为吐蕃时期遗存的建筑物外，均为五世达赖喇嘛及其继承人陆续扩建起来的。

唐贞观十五年（641年），唐太宗将文成公主嫁给松赞干布，文成公主带着先进的中原文化与生产技术到吐蕃，促进了中原与吐蕃的经济文化交流。松赞干布为了迎接公主到来，在逻些（今拉萨）中央的红山上修建了一座宫殿，加上山上的修行室，共1000间房屋，这便是吐蕃时期的布

布达拉宫

达拉宫建筑群。然而吐蕃时期的建筑群大部分毁于战火和自然灾害。

明末清初，兴起于后藏的第悉藏巴政权统治着前后藏的大部分地区，试图将西藏各个地方贵族和教派势力纳入掌控之中。当时藏传佛教分为多个派别，第悉藏巴政权信奉噶玛噶举派，于是大力支持噶玛噶举派发展，抑制格鲁派。格鲁派为了生存，不得不借助和硕特蒙古固始汗的势力。

西藏大昭寺文成公主入藏壁画

清崇德七年（1642年），固始汗消灭了第悉藏巴政权，成为西藏地区实际上的汗王。但是固始汗并没有直接执掌西藏政权，而是以向五世达赖喇嘛“奉献”西藏十三万户的形式，支持格鲁派在西藏建立政权。由于当时五世达赖喇嘛居住在哲蚌寺的甘丹颇章宫，这个新的西藏地方政权便命名为“甘丹颇章政权”，该政权在和硕特汗廷军事力量保护下，管理西藏地方政教事务，带有蒙藏联合统治的特性。

政权建立初期，五世达赖喇嘛听取建议，决定在当时遗存的布达拉宫基础上修建一座新的宫殿，以便稳固格鲁派在拉萨的影响力。

“白宫”竣工

甘丹颇章政权建立后的第三年，即顺治二年（1645年），新宫殿动工了。宫殿的全部工程由画坛名家设计绘图。

甘丹颇章政权动用了全藏各地的人力物力，在吐蕃王朝宫殿的遗址上修建了一组建筑物，即布达拉宫“白宫”。“白宫”一共有七层，其核心建筑东大殿位于第四层上，达赖喇嘛的坐床、亲政、册封等重大典礼均在此举行。最顶层为森琼尼沃宫，因其采光充足，室内洒满阳光，又被称为日光殿，它是冬春季节达赖喇嘛生活起居、理政修法的主要场所。第五、第六两层是摄政的办公和生活用房等。

藏传佛教法器——转经筒

罗布林卡

罗布林卡，藏语里的意思是“宝贝园林”，最早为七世达赖喇嘛的避暑夏宫。经历代扩建后，罗布林卡成为一座典型的藏式园林，以格桑颇章、金色颇章、达登明久颇章三大主要建筑为主体，收藏有众多文物和珍禽异兽，是西藏规模最大、古迹最多的人造园林。

布达拉宫壁画

此外还围绕“白宫”构建了一系列附属设施：宫前山下筑有城墙，正南和东西两侧均有宫门可守卫，东西方向建有角楼，另外四周还有堡垒拱卫。

在修建宫殿的过程中，甘丹颇章政权重点维修了红山上塑有松赞干布、文成公主和尺尊公主像的法王洞。格鲁派将宫殿所在的红山命名为布达拉山，将宫殿命名为布达拉宫。“布达拉”为梵文音译，意为观世音菩萨所居之处。这一命名，表明格鲁派甘丹颇章政权继承了吐蕃王朝的宗教与文化传统。

顺治四年，布达拉宫“白宫”的主体工程基本完成。第二年，“白宫”的外围工程竣工。五月初，开始绘制大殿的壁画。壁画内容包括藏族起源和藏传佛教发展史等，均由当时西藏最著名的画师所绘。顺治六年，布达拉宫的工程基本竣工。

顺治九年，五世达赖喇嘛从哲蚌寺启程，前往北京觐见顺治帝。顺治帝以“田猎”为名，与五世达赖喇嘛在南苑“不期而遇”，并热情款待了五世达赖喇嘛一行，授予五世达赖喇嘛金印、金册，并册封其为“西天大善自在佛所领天下释教普通瓦赤喇怛喇达赖喇嘛”。自此，有了中央政府的明确认可，格鲁派在西藏的统治地位更加牢固，在蒙藏地区有了更强的影响力。

顺治十年，五世达赖喇嘛返回西藏。此时布达拉宫修建工程已经竣工，五世达赖喇嘛入住“白宫”，甘丹颇章政权的办事机构也从哲蚌寺迁至布达拉宫。

奠定布达拉宫的基本轮廓

康熙二十一年（1682年），五世达赖喇嘛在布达拉宫圆寂，第巴（藏语，清朝委任的掌管西藏事务的官员，本义是部落酋长）桑结嘉措主持修建了五世达赖喇嘛的灵塔，这是布达拉宫的第一座灵塔，也是目前世界上最大最壮观的灵塔。灵塔内的装藏物都是传世之宝，灵塔殿堂内壁满绘

西藏拉萨西郊罗布林卡风光

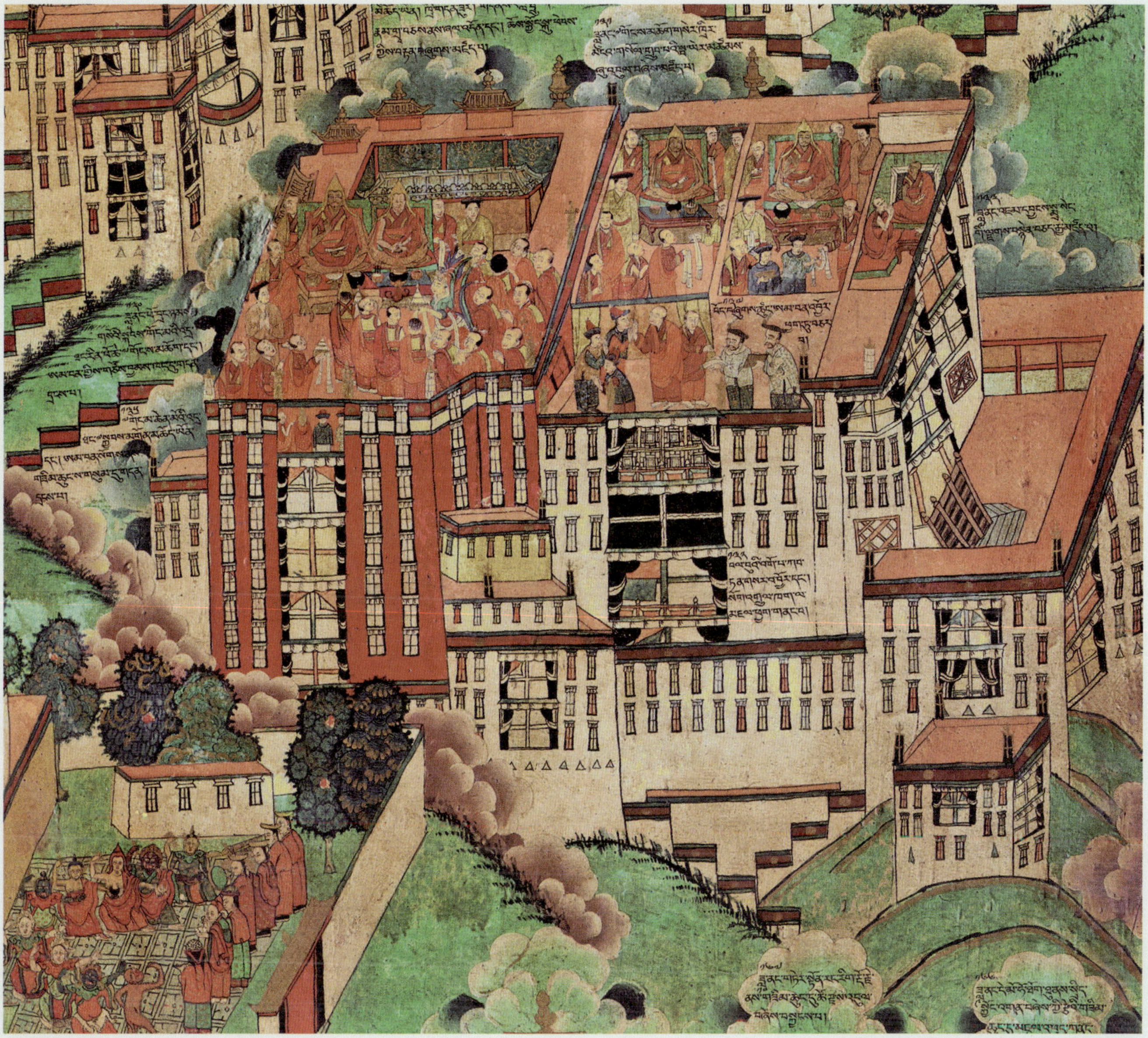

清代《布达拉宫红宫修砌图》（局部）

壁画，其中五世达赖喇嘛进京觐见顺治帝的壁画最为著名。在五世达赖喇嘛灵塔与灵塔殿堂的基础上，桑结嘉措修建了“红宫”。“红宫”位于今布达拉宫建筑群的中心地带，东邻“白宫”，西接僧舍，以外墙涂刷红土为显著标志。

为了建设“红宫”，布达拉宫的工地上每天都有七千多名劳作的工匠。康熙帝为了支持“红宫”建设，派出了包括汉、满、蒙古各族在内的百余名工匠入藏，这也使得“红宫”在斗拱、梁架等方面具有明显的汉族建筑特色。

五世达赖喇嘛时期对布达拉宫的修建，奠定了布达拉宫的基本轮廓。此后一直到1959年西藏民主改革，布达拉宫都是历世达赖喇嘛的冬宫，西藏重大的宗教、政治仪式均在此举行。布达拉宫也是供奉历世达赖喇嘛灵塔的地方，在西藏历史上具有重要而特殊的地位。（杨力源）

郑成功收复台湾

随着地理大发现的浪潮，荷兰殖民者于明朝末年来到我国台湾，对台湾人民实行殖民统治。南明永历十五年底（1662年），郑成功苦战十个月，终于成功收复台湾，将荷兰殖民者赶出了盘踞三十八年之久的台湾，为维护中国领土的完整做出了重要贡献。

宝岛台湾

台湾古称“夷洲”“流求”，早在三国时期，孙权的军队就已到达那里。明代以后，福建一带的沿海渔民、农人和商人到澎湖与台湾居住、生活者逐渐增多。

16至17世纪，伴随着海上航行探险与地理大发现的浪潮，葡萄牙、西班牙与荷兰人的船队也出现在亚洲，台湾成为各方觊觎之地。

明天启四年（1624年），荷兰殖民者强占澎湖的野心落空后，转而占领台湾南部。先在大员（今台湾台南安平区）一带建台湾城（荷兰人称热兰遮城），后又在赤嵌地区建赤嵌城（荷兰人称普罗文查城，今台湾台南），作为殖民统治的据点。

福建厦门郑成功雕像

崇祯十五年（1642年），荷兰殖民者又从西班牙殖民者手中夺取了台湾北部的基隆、淡水，开始对全台湾实行残酷的殖民统治。

郑成功画像

南明永历十五年底，郑成功收复台湾，将荷兰殖民者赶出了盘踞三十八年之久的台湾。

“国姓爷”郑成功

郑成功，原名郑森，福建南安人。因南明永历帝敕封他为“延平王”，所以郑成功也被称为“延平郡王”。

郑成功的父亲郑芝龙原是明末一位活跃且颇有家业的商人，经常往来于台湾、澳门、东南亚、大陆沿海以及日本各地，从事货物贸易。崇祯三年，郑芝龙将七岁的儿子接到自己身边，给他改名为“森”，并聘请老师教他读书识字。

郑成功天资聪颖又刻苦学习，他才思敏捷，涉猎广博，常能出口成章，应对自如，让老师啧啧赞叹，并称他为“奇才”。面对明朝的衰败，老师常以文天祥的《正气歌》、岳飞的《满江红》、屈原的《离骚》等激励年少的郑成功。这些都培养了郑成功不凡的志气与见识。

早在孩童时期，郑成功便在母亲的培育下开始拜师练剑。由于他表现杰出，又有一股侠气，被誉为“小剑客”。少年时期的他更常常表现出极富胆识的一面，习文之余，击剑、骑马、射箭等武术课程也从不间断。

郑成功十五岁时候考取了秀才，二十一岁又以榜首的成绩，进入南京国子监太学深造，并拜著名学者钱谦益为师。钱谦益赞叹道：“此人英物，非他人能比。”给他赐号“大木”，认为他日后必将成为国家栋梁之材。

台湾台南延平郡王祠

延平郡王祠是台湾当地百姓为纪念郑成功及其部将而修建的，其别名“开山王庙”暗指郑成功为“开台圣王”，体现了人们对郑成功的敬仰之情。

郑成功在国子监求学期间，正值明朝分崩离析之际。崇祯十七年三月，李自成率农民军攻入北京城，崇祯帝在煤山（今北京景山）上吊自杀。太学也因战乱而解散，郑成功回到福建安平老家。此时，郑芝龙等明朝旧臣在福建拥立唐王朱聿键为帝，建元“隆武”，共谋复明大业。隆武帝封郑芝龙为“平国公”。

台湾台南安平古堡一隅

郑成功在父亲的带领下朝谒隆武帝。隆武帝见他气度雍容、风姿俊朗，随即赐座并问他对时局有什么看法。郑成功答道：“崇祯帝在位时，战事不断，官吏强取豪夺，民不聊生。朝政亡败，尽在贪官污吏之手。”隆武帝再问：“应当如何救国?”郑成功回答：“岳飞说过只要文臣不爱钱，武将不怕死，天下就可以安定了，而这几句话，对今天来说尤其重要。”郑成功还进一步向隆武帝建议，认为当前最紧要的事就是鼓舞民心士气，共同抵抗清军。

听完这番话后，隆武帝内心非常感动，还不舍地说：“可惜我没有女儿，否则一定招你为驸马。”隆武帝赐他姓朱、名成功，封忠孝伯，鼓励他为国尽忠，这就是“国姓爷”这一名称的由来。

反清复明

因为感恩隆武帝对他的信任，郑成功抗清的意志十分坚定。“孔曰成仁，孟曰取义；惟其义尽，所以仁至”，是郑成功一生的做人准则。然而，父亲郑芝龙为了保住地位与财富，决定向清军投降。隆武帝在失去了强有力的依靠后，只好带领少数仆从出奔江西，随后被追赶而来的清军抓获杀害。

为报国仇家恨，郑成功最后与父亲决裂，起义抗清。南明隆武二年十二月（1647年1月），郑成功在金门、厦门一带大会文臣武将，高举“反清复明”的旗帜。之后郑军在东南沿海一带作战十几年，虽败多胜少，但屡败屡战，不屈不挠。

南明永历十三年（1659年），郑成功与南明鲁王部将张煌言合兵北伐，目标直指南京，并很快取得了暂时性的胜利。此时，清军使出约降的诡计，被胜利冲昏头脑的郑成功信以为真，致使战事拖延，最终导致了北伐的惨败。郑军元气大伤，退回金门。

郑成功意识到清朝实力强大，且统治逐渐稳固，郑军根本无力与其抗衡。为了解决数万大军的给养问题，郑成功只能继续加强对外贸易，却遭到已在台湾扎根的荷兰东印度公司的阻挠。

17世纪荷兰人著《东印度旅行短记》插画

画面前景描绘了身披重甲的郑家铁人军，后方绘有荷兰人的战船及堡垒。

长期以来，郑成功的商船在海上贸易的过程中，时常遭到荷兰人的挑衅、阻挠与劫持，此时，为了争夺台湾海域的贸易权，郑成功宣布对台湾实行禁运。驻留台湾的荷兰人无法自给自足，急得团团转。

接着，郑成功开始计划收复台湾。台湾沃野千里，十分富足，若能将它作为根据地，会有各种好处，“进则可战而恢复中兴，退则可守而无内顾之忧”。所以，郑成功下定决心征讨盘踞在台湾的荷兰人。

跨海征台

永历十五年二月初一，郑成功率领文武官员举行祭江大礼，为征讨台湾进行隆重的誓师。三月二十三日，郑成功亲率官兵数万人、船舰数百艘，自金门启航，进军台湾。途经澎湖时，船队遇到了大风暴。风雨交加、波涛汹涌之际，诸将都主张等风暴过去再前行，郑成功却果断下令冒雨进发。幸运的是，很快天就放晴，且恰逢入海口鹿耳门（今台湾台南安平区北）涨潮，郑成功的船队顺利通过，驶入台江内海。

台湾城的荷军原以为中国船队必从南航道进入，在那里设置了大炮拦截。不料，四月初一，郑成功船队却从水浅道窄的北航道鹿耳门驶入。当看到浩浩荡荡的郑军船队时，荷军惊骇不已。郑军主力在禾寮港登陆，并迅速切断了台湾城与赤嵌城的联系。

荷兰殖民者总兵力不足两千，其中坐镇大本营台湾城的荷兰总督揆一属下兵力约有一千一百人，坐镇赤嵌城的荷军司令官猫难实叮属下兵力约四百人。荷军兵力不多，但气焰十分嚣张，狂妄叫嚣“二十五个中国人合在一起也比不上一个荷兰兵”，“中国人受不了火药的气味和枪炮的声音，只要放一阵排枪，打中其中几个人，他们便会吓得四散逃跑，全部瓦解”。

郑军登陆扎营后，在赤嵌城中列阵推进，夺下储粮仓库。赤嵌城荷军对郑军进行炮击，驻守在台湾城的荷兰行政长官揆一，则凭借坚船利炮和坚固的城堡，分三路向郑军实施反扑：一路由贝德尔上尉（又名拔鬼子）率兵两百四十人抵抗从北线尾登陆的郑军，一路由阿尔多普上尉率兵乘船增援赤嵌城，另一路则由战舰向停泊在台江的郑军船只进攻。

战况却大大出乎荷兰人的预估。北线尾之战中，郑军的火枪射程不如荷兰燧发枪，但他们顽强奋战，以弓箭回击，并以密集的箭雨压制了荷兰兵。接着，藤牌军适时杀出，荷兰兵顿时陷入混乱。在郑军的冲击下，一百八十余名荷兰兵被歼，拔鬼子阵亡，剩余荷军惊慌失措地弃械溃逃。

增援赤嵌城的荷军，也被郑军击败。这支两百人组成的援军，在阿尔多普上尉的率领下，乘船赶到赤嵌城。郑军挥舞大刀，奋勇杀敌，两百名荷军士兵大多数送了命，只有六十人逃回。面对如此结果，猫难实叮很是着急，他派人前往台湾城，请求揆一再次派兵救援。揆一认为，再增援赤嵌城，台湾城就会守兵不足，便拒绝了猫难实叮的请求。

此时，荷军军舰也向停泊在台江的郑军船只发动了进攻。“赫克托号”和“斯格拉弗兰号”两艘战船较大，其中“赫克托号”装载三十六门大炮，“玛利亚号”较小，也装载了十余门大炮。相比之下，虽然郑军舰队数量不少，但多为吃水很浅的帆船，每艘船只装载两门大炮，无论是船型还是火力都存在极大劣势。

虽然如此，郑军却并不慌乱，立即开炮还击，并利用荷兰船舰没有风便动弹不得的弱点，频频以小船划桨、靠近敌船搭桥的方式围攻，将火箭纷纷射到敌人的船上。战场上硝烟笼海，炮火齐飞，巨响如雷，双方激战近一小时。突然，被郑军船舰围攻的荷兰战舰“赫克托号”火药库发生爆炸。随着一声巨响，舰身沉没无踪。最精良的船舰落得如此下场，荷军士气大受打击。就这样，郑成功的船队击败了当时世界一流的荷兰海军。

随后，猫难实叮迫于压力，开城投降。至此，郑军所要攻克的就只剩下一个台湾城了。

赤嵌城投降之后，郑成功不断给揆一写信招降。但由于台湾城城墙坚固，防御设施完善，加上揆一坚信荷兰在巴达维亚（今雅加达）的总部必会派兵前来援助，所以拒绝投降。

见招降之策屡屡遭拒，郑成功一方面指挥军队围困荷兰殖民者在台湾的统治中心台湾城，一

郑成功收复台湾受降场景复原

赤嵌楼

原为荷兰人所建，其建材据说都是由荷兰人自海外运来。建于水涯高处，加上城楼砖瓦皆赤色，在阳光映照下一片火红，故名赤嵌楼。

方面加强已收复地区的政治、经济建设。八月底，荷兰援军到达，双方展开激战，荷军再次惨败。自知凭借自身力量无力对郑军展开大规模攻击的荷兰殖民者转而勾结清军，准备联盟夹击郑成功。

从热兰遮城出来投降的荷兰军队

郑军围困台湾城数月之后，构筑工事、布置炮台、储备粮草及增添火炮等备战工作均有所推进，于农历当年年底对荷兰人发起总攻。郑成功亲自指挥各军，从几个方向同时炮轰台湾城和乌得勒支堡。炮战于傍晚时分结束，郑军不但轰垮了坚固的乌特勒支堡，也打垮了荷兰人的战斗意志。

永历十五年十二月十三日（1662年2月1日），走投无路的揆一献城投降，签署了有十八项条款的投降书，不久即率残部离开台湾。至此，荷兰殖民者在台湾三十八年的殖民统治宣告结束，郑成功以“大明招讨大将军”的名义收复了宝岛台湾。

建设台湾

郑成功收复台湾后，按照明朝政治体制，改赤嵌地方为东都，设立承天府和天兴县、万年县，分管南北路。他改台湾城为安平镇，后又在澎湖设立安抚司，为建构台湾社会奠定了政治基础。

为妥善安顿军伍与其家眷，郑成功在台湾厉行寓兵于农、着力辟地屯垦之策，其间开拓的地方虽主要集中于台南一带，但其足迹却不限于此。与荷兰人的战争结束之后，郑成功就广招大陆东南沿海居民来台开垦，推广先进的农耕技术。

郑成功用人不以门第资历为准，但问真才实学。重用读书人陈永华，就是一个最好的例子。他不但将陈永华作为自己的谋士，还委托他辅导世子郑经。收复后的台湾，荷兰殖民统治的印记令人痛心疾首，作为郑氏家族的贤明谋士，陈永华大力推行文教，重视儒学教育。在陈永华的努力下，台湾渐渐走出了荷兰殖民统治的阴影。

永历十五年五月，正当建设台湾的事业刚刚起步之时，永历帝朱由榔为吴三桂所杀，而郑芝龙早在半年多前也被清军处死。这些消息使得郑成功悲愤交加，积劳成疾的他一下子病倒了，不久就与世长辞，年仅三十九岁。

郑成功收复了台湾，为郑氏家族创下了三代基业，他对台湾的收复与初具规模的经营，开启了台湾发展的新篇章，为华夏子孙的绵延奠定了良好的基础。（孙若怡）

康熙帝的文治武功

康熙帝是清军入关后的第二位皇帝。在位的六十一年间，康熙帝擒鳌拜、平三藩、收台湾、亲征噶尔丹、挫败沙俄侵略军，维护了国家主权和领土完整，奠定了现代中国的版图。他勤勉理政，任用能臣，文治武功都十分卓著。

智擒权臣鳌拜

康熙帝登基时年仅八岁，尚在童年，根据顺治皇帝的遗诏，由索尼、苏克萨哈、遏必隆、鳌拜四位大臣辅政，但实际上鳌拜是辅政大臣之首。辅政之初，鳌拜还能恪尽职守，谨慎从事，但没多久就居功自傲，处处越位夺权，在朝中结党营私，根本不把康熙帝放在眼里。

康熙六年（1667年），年满十三岁的康熙皇帝宣布亲政，可大权还掌握在鳌拜手中。有一次，鳌拜为了除掉宿敌苏克萨哈，勾结同党诬告他，奏请康熙将他处死。康熙不同意，鳌拜就在朝堂上与他争执起来，还捋起袖子，挥舞拳头，大吵大嚷。因为鳌拜手握重兵，权倾朝野，康熙只好忍耐。

自此以后，康熙下定决心要扳倒鳌拜。于是他派人物色一批十几岁的贵族少年，组成宫廷卫队，自己装作贪玩的样子，天天和他们练习摔跤。鳌拜进宫，看到康熙整天和这些侍卫在御花园玩摔跤，不过问政务，就放松了戒心。

鳌拜朝服像

突然有一天，鳌拜接到康熙的命令，要他单独进宫观看摔跤表演。鳌拜像平常一样大模大样走进宫门，他刚抬脚跨进门槛，就被一群少年围了起来，众人有的拧胳膊，有的抱大腿。鳌拜虽然练过武，力气也大，可是这些少年人多，又都练过摔跤，他一下就被打倒在地。直到被抓进牢里，鳌拜才意识到自己中了圈套。他大声呼叫道："我鳌拜跟随太宗皇帝打过无数胜仗，没想到今天却败在一个少不更事的小年轻手里！"议政王大臣宣布鳌拜三十条罪状，康熙顾念他的功勋，对他从轻发落，免除死罪，终身监禁。

由于康熙遇事沉着，部署周密，处理得当，鳌拜及其党羽被成功翦除，一些骄横的大臣也有所忌惮，再不敢肆意妄为。此后，康熙夺回朝廷大权，真正开始亲政。

力排众议撤三藩

正当康熙集中精力整顿朝政、革新吏治的时候，三藩问题越来越严重，成为他的心头之患。

康熙十二年，平南王尚可喜请求回辽东养老，希望让自己的儿子尚之信继续镇守广东。康熙想借此机会一举撤掉三藩的势力，就说："我不忍心看你们父子分离，不如你们一起回辽东吧。"吴三桂、耿精忠一听到消息，心里疑惧不安，也纷纷上书请求撤藩，想试探皇帝真正的态度。

康熙立刻召集大臣商讨对策，主张不可撤藩的占了绝大多数。毕竟三藩实力强大，立刻撤藩势必会激起叛乱。不过康熙年纪虽轻，却早已看出吴三桂等人蓄谋已久，撤藩会反，不撤也会反，不如先发制人，及早除此大患，于是毅然下达撤藩命令。不久吴三桂果然公开起兵反清。除了耿精忠、尚之信，河北总兵蔡禄、陕西提督王辅臣、察哈尔蒙古贵族也都举旗响应，京师为之震动。

原来主张不可撤藩的大学士索额图、户部侍郎魏象枢等人向康熙建议处死主张撤藩的大臣，以平息这场战争。康熙说："撤藩是我的主张，跟大臣有什么关系！"为了坚定大臣们平叛的决心，他下诏书削夺吴三桂的官爵，处死吴三桂居留京师的儿子吴应熊、孙子吴世霖。战争打到最艰难的时刻，康熙依旧每天游景山，观骑射，向臣民展示自己的乐观心态，表现出处变不惊的政治家风范。

经过八年战争，三藩之乱最终平息，清朝结束了南方分裂割据的局面，康熙也达到了进一步加强皇

清康熙年间青花缠枝莲纹长颈瓶

三藩

清军入关以后，曾经利用明朝投降的一些将官到南方平定反清势力。不少将领都因战功被册封，而且握有重兵，割据一方。这些藩王中，平南王尚可喜驻广东，靖南王耿精忠驻福建，平西王吴三桂守云南，这三股势力合称"三藩"。三藩不但有各自独立的军队，也有独立的财政权。三藩中吴三桂权力最大，甚至有独立的用人大权。

山东曲阜孔府乾隆帝御赐“六代含饴”牌匾

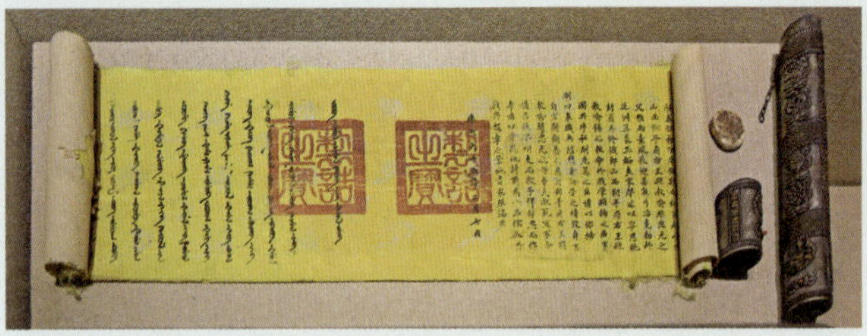

康熙帝诏书

康熙帝朝服像

权的目的。为了弥补连年战乱造成的生灵涂炭，维持社会的长治久安，他一面免除云南的苛捐杂税，与民休息，一面加紧文化建设，争取江南知识分子的支持和合作。

千载难逢的祭孔大典

康熙二十三年，刚刚平定三藩、收复台湾没多久的康熙皇帝初下江南，视察各地的风俗民情。在南巡回京的途中，他特意在孔子的故乡山东曲阜停留。大家都以为康熙不过是路过孔庙，进去看看而已。毕竟清朝是满族建立的政权，祭祀孔子并不是他们的传统。但是康熙却郑重要求掌管宗庙礼乐的官员拟定祭孔典礼的仪式，这让官员们大感意外。

当官员们建议沿用明朝仪式，行两跪六叩头礼、不用乐舞时，康熙立刻表示反对，认为祭孔典礼的制定必须符合隆重祭祀、超越前代的原则，应当行三跪九叩头礼，用乐舞。在场的官员，特别是汉族官员顿时都震惊了。三跪九叩头礼是跪拜礼的最高礼节，不用说本朝了，即便中原汉族王朝，也没有一个皇帝亲临曲阜孔庙时行三跪九叩的大礼。康熙真的会这么做吗？大家心里都充满疑问。

十一月十七日，康熙的銮驾浩浩荡荡抵达曲阜。康熙在孔庙前走下辇车，步入大成门，果然在大成殿中孔子像前行了三跪九叩礼。行礼完毕，他意犹未尽，移驾前往孔子的闲居住所参观，并亲口尝了尝从孔宅遗井中打出的井水。为了表达对孔子的景仰之情，康熙手书“万世师表”匾额并悬于孔庙大成殿外，临走还不忘将他使用过的

> 朕从不敢轻量人，谓其无知。凡人各有识见。常与诸大臣言，但有所知、所见，即以奏闻，言合乎理，朕即嘉纳。
>
> ——康熙帝

一把曲柄黄盖伞留在孔庙，以示“尊圣之意”。后来，孔子第六十七代孙孔毓圻奏请纂修一部专书，书名为《幸鲁盛典》，对此次康熙的祭孔行程进行完整记录，使之广为传布，永垂史册，康熙不仅爽快答应，还欣然为书作序。

康熙为何如此重视祭孔大典呢？一是全国统一后，清朝政局开始走向稳定，但是满汉之间文化冲突仍然十分激烈。如果康熙不效法历代中原王朝，推行尊崇儒家思想的政策，便不能有效地治理以汉人为国基的天下。祭孔大典正好为他提供了一个展示自己尊孔崇儒、缓和满汉矛盾的绝佳机会。二是康熙本人热衷钻研儒学。他曾对大臣说：“朕五岁就知道勤奋学习，八岁登基已经会问身边的老师关于《大学》《中庸》的字义解释，必求得经书的大意而后快。”即位后他每日读书长达数个时辰，以至于学习过苦而呕血。他的祖母孝庄太皇太后担心他用心过度而伤害了身体，曾经半开玩笑地劝阻他说：“你是尊贵的天子，为何这样勤奋？是不是还想去参加考试中状元呢？”

康熙的尊孔举措，使江南士人学子增进了对清朝的认同，也为他的后代子孙如乾隆帝等做了很好的示范。

康熙一生勤奋好学，读书涉猎范围很广，从中国的四书五经、辞章、历算等传统文化到西方的天文、地理、医学、几何等自然科学知识，无不研读。他除了爱读书之外，著述也不少，主持纂修的书更多，《古今图书集成》《全唐诗》《康熙字典》等已成为中华文化宝库中的重要财富。

康熙皇帝是中国历史上的杰出君主。他裁撤三藩，收复台湾，平定准噶尔部，维护了国家的和平统一；他奖励农桑，减免赋税，百姓得以休养生息；他崇儒重道，振兴文教，推动了多民族文化的融合。在他的统治下，清朝开启了强盛的局面。（施婧娴）

雍正帝朝服像

康熙六十一年（1722年），康熙帝病逝，皇四子胤禛即位，是为雍正帝。雍正帝即位后，以高压手段处置当年与自己争夺储君之位的诸位兄弟，康熙帝重用的亲信也多遭贬斥。雍正七年（1729年），军机处的设立标志着中国古代君主专制制度达到顶峰。雍正帝十分勤政，他在位的十三年间，实行摊丁入亩，增加国家赋税收入；推行“改土归流”，设置驻藏大臣，又出兵平定青海叛乱，有力地巩固了清朝的统治。

清代宫廷绘画《康熙南巡图》（局部）

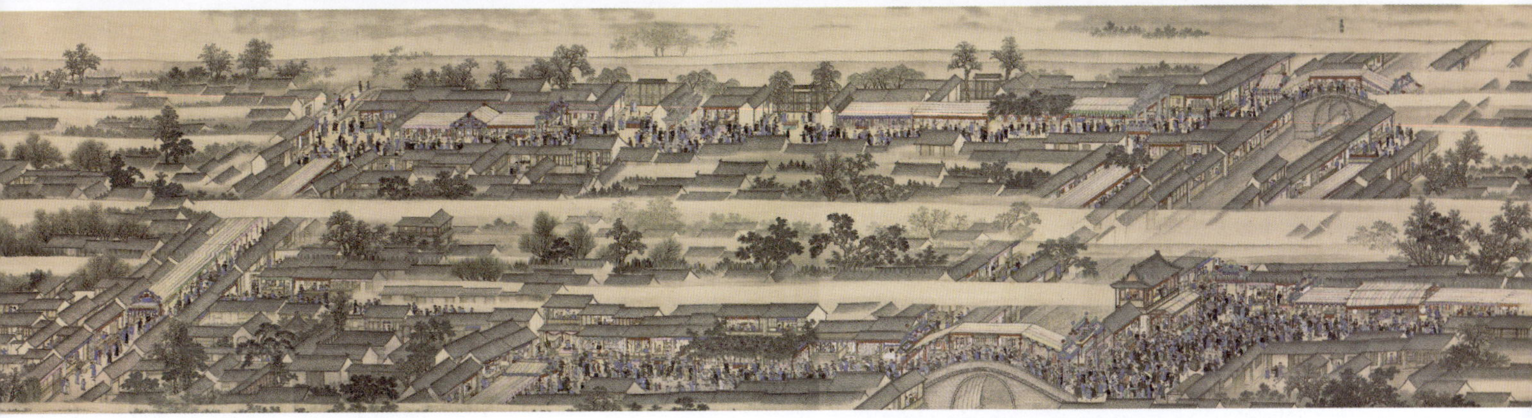

《皇舆全览图》

康熙帝对我国古代科学技术和西方先进的科技成就有浓厚兴趣，他在位期间主持绘制了《皇舆全览图》，这是我国首次采用经纬度实测法绘制的地图，详细记录了当时清朝统治范围内的山川河流与地形地貌，也是当时世界上非常先进、精准的一幅地图。

决心编制新地图

顺治十五年（1658年），比利时传教士南怀仁来到中国，不久之后进入皇宫，成为玄烨（即后来的康熙帝）的老师。南怀仁精通天文历法、懂兵器、会测量和数学，给玄烨讲授了大量西方的科学知识，尤其是南怀仁所画的一张圆形的世界地图，给玄烨留下了十分深刻的印象。

这幅地图名为《坤舆全图》，由八幅图竖式拼接而成，每幅轴高171厘米，宽51厘米。这幅地图使玄烨认识到地球是圆形的，世界的范围非常宽广，但是地图中有关中国的部分非常简单，这使得年幼的玄烨萌生了完善该图的想法。

南怀仁画像

康熙二十八年（1689年），在清俄《尼布楚条约》谈判期间，康熙皇帝为了在谈判过程中做出正确的决策，希望详细了解黑龙江流域的地理状况，便要求前去参加谈判的代表提供一幅地图给他。随同谈判的传教士张诚把一幅早已绘好的亚洲地图呈上，并告知中国东北部分地区因地理知识缺乏无法绘制。康熙见这幅图无论是精确度，还是所提供的具体信息都非常有限，于是下定决心，要绘制一幅较为精确的地图。

清代以前绘制的地图，大多是以府、州、县为基点，地点之间的相对方位和间距都通过平面距离或驿站距离反映出来，往往存在较大误差，而且很难全面展现山川、河流等地理地貌。为克

《中华帝国全志》

康熙年间进行的大地测量，国内除了留下汉字或满汉标注的几种地图外，有关测绘的中文记载很少，留下的测量数据被传教士带回欧洲后，收录在杜赫德编的《中华帝国全志》中。

清康熙年间天球仪

服这一缺陷，康熙命令来华的耶稣会士采用西方绘图技术测绘京师附近地图，并亲自校勘，取得了很好的效果。

康熙一生多次征战、出巡，每到一处，他都令随行人员记录当地的地质、地貌、生物、水利、农业等情况，并测量各地的经纬度，为绘制全国性的地图奠定了基础。

耗时十年终绘成

康熙四十七年，皇帝亲自主持，以传教士雷孝思、白晋、杜德美等为主力指导实测，由学者何国宗、何国栋、明安图等，以及一些地方官员、士兵和辅助人员参与，组成了一个测量队，开始实施全国性的地图测绘工作。

他们采用了当时世界上最先进的经纬度测绘法，以通过北京的经线作为本初子午线，向东西两侧推出“东经”“西经”，先后在全国大部分地区进行了实地测绘。

整个测绘工作历时十年。康熙五十六年，全国测绘任务完成，将各地地图合在一起，就成为一幅全国总图。康熙五十七年，《皇舆全览图》大功告成，地图的覆盖范围包括了关内十五省（后江南、陕西、湖广各分为两省而成为十八省）以及关外东北、蒙古、西藏各地。

《乾隆内府舆图》铜版

《乾隆内府舆图》是在康熙《皇舆全览图》基础上修订补充而成的全国地图，绘制成铜版104块，分为13排。

测量珠穆朗玛峰

在西藏测图时，测绘员发现了世界最高峰珠穆朗玛峰，并在《皇舆全览图》上标明。铜版《皇舆全览图》可以说是最早的关于珠穆朗玛峰的文献。

多项成就领先世界

《皇舆全览图》前有总图，后有各省分图，准确绘制了各地的山川地势、关门塞口、驿亭津站和环卫交通等。英国著名学者李约瑟在他撰著的《中国科学技术史》中称此图“不仅是当时亚洲地图中最好的一种，而且比当时所有欧洲地图都更好、更精确”。

通过这次大规模的测绘实践，清朝培养了一大批各族测绘人才。他们后来在乾隆朝续修完善《皇舆全览图》，以及《西域图志》、《乾隆内府舆图》（又称《乾隆十三排皇舆全图》）等地图的测绘工作中都成为骨干力量，发挥了巨大作用。

但令人遗憾的是，《皇舆全览图》完成后便被作为宫廷秘藏，测绘地图时所用的先进技术并没有公开，更谈不上普及。而参与测绘的传教士将资料带回了西方，这对18世纪欧洲的地图绘制和欧洲人对中国地理面貌的认知都有较大影响。

（杨力源）

蒲松龄与《聊斋志异》

蒲松龄自幼聪颖，才华超群，可惜怀才不遇，他一生多次参加科举考试，屡试不第。不过，他留下的文言短篇小说集《聊斋志异》却十分精彩。四百多篇鬼怪故事，或歌颂青年人对真挚爱情的勇敢追求，或抨击科举制度对读书人的戕害，或讽喻当时黑暗的社会现实，奠定了蒲松龄不可替代的文学地位。

蒲松龄的家世

蒲松龄，字留仙、剑臣，号柳泉居士，又称聊斋先生。明末清初，蒲松龄出生在济南府淄川（今山东淄博淄川区）的一个村庄。村庄的东面有个井，一丈多深，井水常常溢出流成小溪。溪边有不少高大的柳树，长满溪水两岸，所以，这个井得名“满井”，村子叫满井庄或柳泉庄。

蒲松龄很爱故乡的清泉溪柳，自号柳泉居士，人们称他为柳泉先生。满井庄蒲姓子孙日益繁衍，后改叫蒲家庄，并沿用至今。明朝万历年间，不少蒲姓读书人考取了功名，蒲氏家族成为县中望族。

遇伯乐，中秀才

蒲松龄一生大部分时间郁郁不得志，不过早年他也曾经得意过。他年少时参加县试、府试、院试，三试均为第一名！

蒲松龄院试时的主考官是山东学政施闰章。施闰章给山东省的秀才考试出的第一道考题叫《蚤起》，第二道考题叫《一勺之水》。“蚤起”即“早起”，取自《孟子》中的《齐人有一妻一妾》，常规写法是阐述孟子所讲的那种修身、齐家、治国、平天下的大道理。蒲松龄从容地进入考场，看了题目以后，他想到，大官们早早起来，去朝廷争权夺利，而那些卑鄙的小官也早早起来，跑到富贵人家奉承拍马。想到这里，他立刻提笔写起来。一篇讽刺社会丑恶现象的文章就这样一气呵成。蒲松龄的写法显然不符合八股文考试的要求，但偏巧蒲松龄遇到的考官是爱才如命的施闰章。

施闰章是个大诗人，他非常欣赏蒲松龄的文才，称赞这篇《蚤起》是“空中有异香，百年如

颐和园长廊彩画《聊斋志异·水莽草》

有神"。他认为蒲松龄把人们那种追名逐利的丑态通过"蚤起"这两个字写绝了，写活了。对蒲松龄《一勺之水》的答卷，施闰章也很欣赏，写下了"观书如月，运笔如风"的评语。施闰章大笔一挥，十九岁的蒲松龄成为山东省秀才的第一名！

由于受到施闰章的赏识，蒲松龄的名气大了起来。他胸怀大志，踏上了进一步求取功名的道路。不幸的是，他却一次次名落孙山。施闰章因为欣赏蒲松龄的才华而冲破了八股取士的套路，导致蒲松龄以为只要这样写文章就能取得更好的功名。可是，多数的考官还是青睐那种枯燥、刻板的八股文。可以说，蒲松龄从第一次参加科举考试开始，文章就偏离了既定的轨道。

做幕僚，当塾师

在清代，一个考不上举人的秀才，是没有官可做的。落举的秀才一般有两条路可以走：一是做幕僚，一是做塾师。蒲松龄两样都尝试过。

蒲松龄做过同乡孙蕙的幕僚。孙蕙顺治十八年（1661年）中进士，康熙八年（1669年）任江苏宝应县知县，不久又调往高邮。康熙九年八月，蒲松龄迫于家贫，应邀在孙蕙身边做了幕僚。江南的幕僚生活使蒲松龄对官场有了更多的认识。一年后，蒲松龄又回到蒲家庄，做起了私塾先生。

蒲松龄长达四十余年的塾师生涯中，有三十年是在淄川西铺毕际有的府上度过的。毕际有是明末户部尚书毕自严的儿子，曾官至山西稷县知县、江南通州知州，因在通州押运漕粮，积年亏欠，赔补不上而被罢官。回乡后，毕际有无意再进官场，在家享受子孙绕膝的乐趣。在毕家做塾师既解了蒲松龄的燃眉之急，又给蒲松龄打开了一扇观察官场的窗户。蒲松龄接受了这份工作，从此毕际有的十几个子孙都成为蒲松龄的学生。毕家丰富的藏书也进一步开阔了蒲松龄的眼界，为他创作《聊斋志异》提供了素材。

《聊斋志异》中的鬼狐花妖

蒲松龄在乡间一边教书，一边继续准备科举考试。然而他一次次赶考，却屡试屡败，他便写了一副对联来鞭策自己，上联是"有志者，事竟成，破釜沉舟，百二秦关终属楚"，下联是"苦心人，天不负，卧薪尝胆，三千越甲可吞吴"。

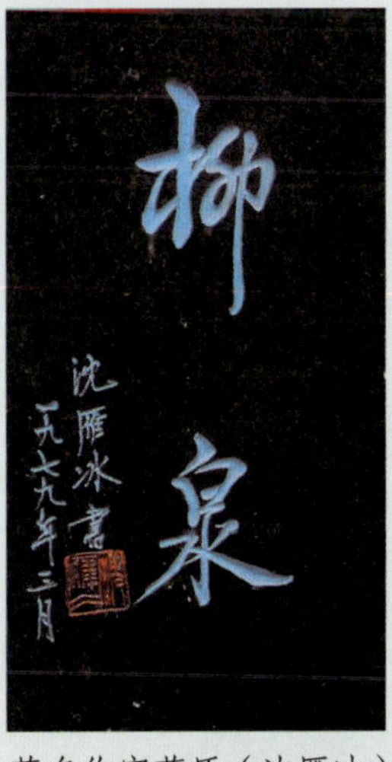

著名作家茅盾（沈雁冰）手书"柳泉"碑

蒲松龄还坚持不懈地

收集民间故事。他在家乡靠近大路旁的一棵大树下面，铺一张芦席，设茶备烟，凡是路过此地的人，他都免费供茶供烟，请他们讲一两个民间故事。虽然蒲松龄科举功名的梦想没有实现，但是他穷尽毕生精力创作了志怪短篇小说集《聊斋志异》。“聊斋”是他的书屋之名，“志”是记述的意思，“异”指奇异的故事。

《聊斋志异》俗称《鬼狐传》，全书共490余篇，题材内容广泛、丰富，表面上讲的都是狐、鬼、仙、妖的故事，其实世情百态异彩纷呈。有的篇目歌颂了青年男女纯真的爱情和为自由、幸福而进行的斗争，有的篇目反映了社会黑暗，揭露和批判了科举制度的腐败。作品人物个性刻画鲜明，故事情节曲折离奇。

比如《聊斋志异》中的名篇《香玉》，将崂山太清宫的牡丹、山茶与黄姓书生之间的故事娓娓道来，爱情、友情跃然纸上，感人至深。

除了“情”外，“侠”是《聊斋志异》另一个重要的主题，书中呈现了田七郎、禽侠、虎侠、义犬等一批侠义的形象，但论快意恩仇、神秘莫测，则首推《侠女》。《侠女》讲述一位江湖女侠的故事，栩栩如生地塑造了一位艳如桃李、冷如冰霜而智勇双全的奇女子。

《聊斋全图·嘉平公子》

当落第的蒲松龄带着《聊斋志异》找到山东同乡、著名文学家王士禛时，王士禛对此书赞赏不已，并赋诗一首：“姑妄言之姑听之，豆棚瓜架雨如丝。料应厌作人间语，爱听秋坟鬼唱诗。”

为了使《聊斋志异》顺利刊印，王士禛还在书上写下“王阮亭鉴定”（阮亭为王士禛的号）进行推荐。于是各家书坊争相来索求书稿，以能够刊刻《聊斋志异》为荣。可以说，《聊斋志异》当时能广为人知，除了作品本身的魅力，也得益于王士禛的慧眼识书。

《聊斋志异》继承并发展了我国志怪、传奇小说的艺术传统，堪称中国古典文言短篇小说的巅峰之作，奠定了蒲松龄在中国文言小说史上的崇高地位。（袁碧荣）

蒲松龄塑像

次韵毕刺史归田三首（其一）

［清］蒲松龄

烟霞深处伴渔樵，鸥鹭依依认旧僚。
碎击玉壶风雨夜，醉横铁槊月明宵。
栽花南国人无恙，载酒东山兴未遥。
犹有柴桑松菊在，薜萝何必让金貂。

《聊斋全图·小猎犬》

仓央嘉措的诗歌

仓央嘉措是六世达赖喇嘛，也是西藏最具代表的民歌诗人。他才华横溢，创作了很多细腻真挚的诗歌，其中最为经典的是《仓央嘉措情歌》。仓央嘉措的诗歌，在藏族文学史上具有重要的地位，也是中华民族文学宝库中的明珠。

六世达赖喇嘛

六世达赖喇嘛
仓央嘉措唐卡

康熙二十二年（1683年），仓央嘉措出生于今西藏南部门隅地区的一户信奉藏传佛教的贫苦农奴家庭。他出生后不久，便被当时的西藏摄政王第巴桑结嘉措秘密认定为五世达赖喇嘛的转世灵童。因为第巴桑结嘉措想借用五世达赖喇嘛的影响巩固自己的地位，所以便隐瞒了五世达赖喇嘛圆寂的消息，对外宣称五世达赖喇嘛在布达拉宫闭关修行，不接见任何人，所有事宜均通过他代为禀报，仓央嘉措也在他的严密监控下生活。在被认定为转世灵童到入宫坐床的十几年里，仓央嘉措都在与外界毫无接触的禁锢中生活。在这段时间里，仓央嘉措的主要任务就是学经。

仓央嘉措出身宁玛派（红教）家庭，对格鲁派（黄教）严格的清规戒律难以适应。年少的他活泼好动，学经的时候，常常坐不住，经师在上面讲，他却不守规矩，走来走去，经师只好手执经卷走到他面前，请他坐下好好听讲。

清康熙年间黄地素三彩云龙纹大盘

康熙征讨准噶尔的过程中，从俘虏口中得知五世达赖喇嘛已圆寂多年，第巴桑结嘉措这才不得不向康熙奏报五世达赖喇嘛圆寂的消息，同时将早已秘密选定的仓央嘉措宣布为五世达赖喇嘛的转世灵童，并将他迎请至拉萨。途中转世灵童拜五世班禅罗桑益西为师，剃发受沙弥戒，取法名罗桑仁钦仓央嘉措，随后在布达拉宫举行了坐床典礼。

坐床后，仓央嘉措深入学习佛教经典，同时学习诗歌理论、天文历算、医学等，打下了很好的学识基础。

政治斗争的牺牲品

康熙四十年，和硕特蒙古固始汗的曾孙拉藏汗继位，他为了维持和硕特部对西藏重大政务的影响，与第巴桑结嘉措明争暗斗，互不相让，两人的斗争逐渐达到白热化的程度。仓央嘉措作为第巴桑结嘉措所立的六世达赖喇嘛，自然遭到拉藏汗的排斥。拉藏汗向康熙皇帝上奏，怀疑仓央嘉措不是五世达赖喇嘛的转世灵童，声称仓央嘉措耽于酒色，不守清规，请求朝廷废黜仓央嘉措。

康熙四十四年，第巴桑结嘉措毒杀拉藏汗未遂，被察觉后仓促集结武力对付拉藏汗，反被拉藏汗带兵打入布达拉宫。拉藏汗处死第巴桑结嘉措之后，为了彻底消除其影响，又将三大寺（哲蚌寺、甘丹寺和色拉寺）的堪布（藏语，一般指寺院住持）、活佛召集在一起，当众指责仓央嘉措不守清规，要求废黜他，但是活佛、高僧没有一人同意。于是拉藏汗请求清廷钦差将仓央嘉措带往北京。

最好不相见，如此便可不相恋。
最好不相知，如此便可不相思。
——［清］仓央嘉措

康熙四十五年，仓央嘉措随钦差赴京。走到哲蚌寺附近时，三大寺的僧众将仓央嘉措救出。拉藏汗得知后，准备发兵攻打三大寺，仓央嘉措为了僧众的生命安全与寺院的财产，说服僧众，再次跟随钦差赴京。行至青海湖时，仓央嘉措下落不明，时年二十四岁。

独特经历成就独特诗歌

仓央嘉措经历了长期的禁锢生活，后虽享有“至尊”的权威，享受到了有限的自由，但是好景不长，最后沦为政治的牺牲品。在大起大落的人生境遇中，仓央嘉措精神上的孤独冷落感格外强烈。传说仓央嘉措深爱着一位名叫仁增旺姆的姑娘，常常深夜溜出布达拉宫与她相会，最终因为在雪地里留下了足迹而被人发现。仁增旺姆被处死，仓央嘉措自此心情郁结。

虽然这一故事的真伪众说纷纭，但仓央嘉措的诗歌中确实反映出他向往爱情、渴望自由、希望过常人生活的强烈意愿。例如，“自己的意中人儿，若能成为终身的伴侣，犹如从大海底，得到一件珍宝”，感叹完满爱情的难能可贵，表露出向往而不可得的遗憾之情。又如，“曾虑多情损梵行，入山又恐别倾城，世间安得两全法，不负如来不负卿”，体现出在戒律与爱情之间的两难抉择。

仓央嘉措自幼受藏传佛教教育，精通佛法、音律，他的诗歌清新明快、活泼生动、细腻朴素，意境上乘。仓央嘉措的诗歌与民间作品接近，用的是民间语言，读起来朗朗上口，洋溢着生活气息和真挚情感，有力地表现了人民要求自由爱情和幸福生活的美好愿望。他的诗歌产生后很长一段时间里，都是以民歌的形式在民间流传，对其诗歌的整理与辑录则是较晚时候的事情。这时仓央嘉措的诗歌中已经混入了部分民歌，至于哪些作品为他本人创作，哪些作品出自民歌，已经无法考证，因此仓央嘉措的诗歌数量至今尚无确切定论。但无论如何，他的诗歌已经成为研究西藏文学和历史的重要资料。（杨力源）

清康熙年间十二月花卉诗文杯

纳兰词

与仓央嘉措诗歌有异曲同工之妙的是纳兰词。纳兰容若与仓央嘉措处于同一时代，他们都是身份高贵的博学之人，都在浮华与争斗的环境中保持着纯真的本心，寄情诗书。但与仓央嘉措诗歌的明快易懂有所不同，纳兰词极为风雅，措辞考究，且多用历史典故。

编纂《四库全书》

《四库全书》编纂于乾隆年间，历时十一年，是中国古代规模最大的一部丛书。《四库全书》几乎囊括了中国历代编修的所有图书，故称“全书”。编纂《四库全书》既是当时文化繁荣的表现，同时隐藏着“寓禁于征”的目的。

中国古代规模最大的丛书

“四库”之名源于初唐，官方藏书分为经、史、子、集四个书库，号称“四部库书”，或“四库之书”。从乾隆三十八年（1773年）开始，朝廷先后从全国征集3000多名文人学士，历时十多年，编成了一部大型丛书，这就是《四库全书》。

《四库全书》共收书3400多种，79000多卷，存目6700多种，93000多卷。书成之后，分装成36000余册，分为经、史、子、集四部，44类66属，约8亿字。有学者统计，即使一个人每天坚持读10小时，每小时读3000字，一直读到八十岁，也未必能读完《四库全书》。

为了进献乾隆帝，也为了士子习阅方便，四库馆臣专门组织学者编撰了目录提要，编成《四库全书总目提要》，简称《四库全书总目》或《四库总

乾隆帝朝服像

目》。目录提要既提纲挈领，又考证有力，学术价值非常高，是清代学者思想和学术的结晶，也是今天历史研究者的入门书和案头必备参考书。

盛世修书

乾隆初年，山东学者周永年作《儒藏说》，主张把儒家著作汇刊，以便士子阅读。乾隆三十七年，安徽学政朱筠提议汇集散失各处的《永乐大典》。乾隆帝诏令将各处收集起来的散佚图书与“各省所采及武英殿所有官刻诸书”汇编在一起，命名为《四库全书》。次年，朝廷设“四库全书馆”，由皇六子永瑢负责，内阁大学士于敏中为总裁，大学士及六部尚书、侍郎为副总裁，大才子纪昀为总纂官，负责编纂《四库全书》，著名学者如戴震、姚鼐等均参与其中。

《四库全书》的来源主要有三类：江浙地区征收的流通图书、内廷收藏的图书，以及《永乐大典》中尚存的珍本善本。征书时主要收集中国古代哲学、史学、文学及科学技术等方面的著作，族谱、尺牍、酬唱诗文不收。征书工作进行了七年，最终共征收图书13500多种，献书主要来自东南地区的藏书家，其中鲍士恭、范懋柱、汪启淑、马裕四家献书最多，后来这四家每家被赐内府所印《古今图书集成》一部作为奖励。

《四库全书》所收图书分“著录”“存目”“禁毁”三类。若书籍比较常见，或者学术价值不高，就列为“存目”，只存书名，不收其书。“抵触本朝”的书一概“禁毁”。有学术价值、符合收录条件的图书，进行“著录”，经过整理、校勘、考证等程序，按特定格式重抄存入。《四库全书》共收抄图书3400多种，存目书数量约为著录书的两倍，保存了清朝中期以前尤其是宋元以来的基本书籍。

南书房

康熙年间，为了与翰林文人探讨学问、谈论诗文，康熙帝在乾清宫西南角设立了南书房。此后，南书房成为清朝的机要重地，除了谈论诗文以外，有时还承担为皇帝草拟诏令、谕旨的任务，成为由皇帝本人严密控制的重要中枢机构。《四库全书》的许多重要编辑人员都曾在南书房任职。

寓禁于征

《四库全书》从编纂开始，便抱有“寓禁于征”的目的。清朝通过对所征集图书进行清查，不仅将佛、道两家典籍摒除殆尽，还清查违碍书籍，把反清反满的作品抽毁、剜去，对“夷狄”等字样也进行了清除和删改。

乾隆五十二年，乾隆帝抽查《四库全书》时，发现了一些诋毁清朝的字句，于是下令重检。在《四库全书》编纂过程中，被销毁的各类书籍不计其数。被毁内容主要涉及明末清初数十年间对清朝及后金不利的记载，尤其是一些善本、孤本、秘本等珍贵史料典籍永远消失，许多明代档案也被销毁，据估计数量不少于1000万份。

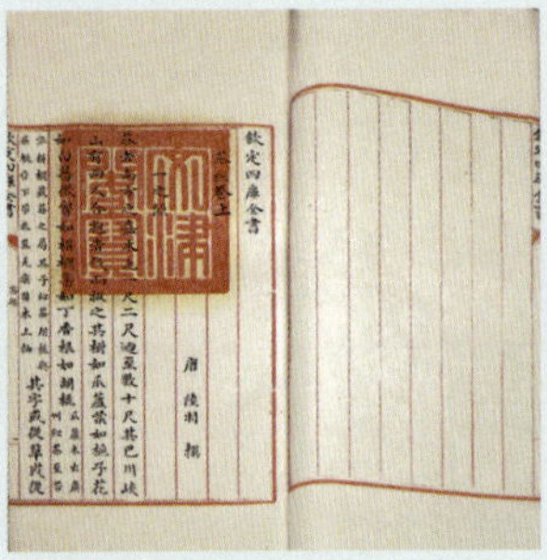
文津阁《四库全书》书影

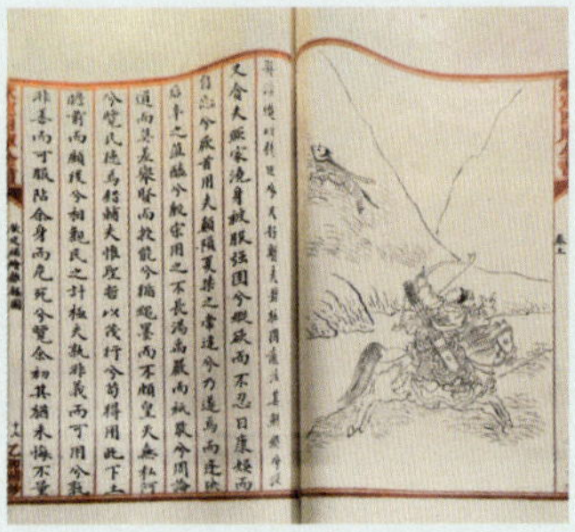
钦定《四库全书》书影

纪晓岚故居

鲁迅先生曾对此批评道：“乾隆朝的纂修《四库全书》，是许多人颂为一代之盛业的，但他们却不但捣乱了古书的格式，还修改了古人的文章；不但藏之内廷，还颁之文风较盛之处，使天下士子阅读，永不会觉得我们中国的作者里面，也曾经有过很有些骨气的人。”

七阁藏书

乾隆四十九年，《四库全书》编纂完成，全书共抄录七部，分别贮于七阁。其中，北京紫禁城文渊阁、京郊圆明园文源阁、奉天（今辽宁沈阳）故宫文溯阁、承德避暑山庄文津阁，合称“内廷四阁”，或称“北四阁”；镇江文宗阁、扬州文汇阁、杭州文澜阁，称“江浙三阁”，或称“南三阁”。另有副本一份，存于京师翰林院。其中文渊阁本最早完成，校勘更精，字体更工整。

《四库全书》建阁贮书的地方均有政治和文化的考虑。北京的藏书在紫禁城和圆明园，是皇帝勤政和休闲的场所。承德的避暑山庄，是皇帝的行宫。奉天是清朝龙兴之地。南方三阁位于江浙，是清朝人文兴盛之地，利于士子就近抄读。

中国的藏书阁名大多与水有关，因为珍贵的藏书最怕失火，而一个好的藏书阁名经常带有平安、长久的寓意。《四库全书》七阁的取名也不例外，它们均由乾隆帝命名。“天一生水”，水能克火，符合古代五行相克的思想。但取名的美好寓意终究没有带来好运，七阁中的文源、文宗、文汇三阁，均在近代毁于兵火。

七阁取名的另一寓意是使所藏《四库全书》

类书和丛书

我国古代有官方编修大型综合性图书的传统，像《四库全书》那样，将许多本书汇编成集的一套书，称为“丛书”，而像《永乐大典》《古今图书集成》那样，根据一定的主题摘取不同书中相关内容编排而成的工具书，称为“类书”，它的功能和今天的百科全书有点类似。

清代田黄山子石章

成为学术和文化的统宗。比如，“文溯阁”取“溯源求本”之意，“文津阁”取为学人“指点迷津”之意，“文宗阁”取“文章归宗”之意。然而，《四库全书》仅为抄本，校勘较为粗略，有时抄书人为取悦皇帝，故意写错字以待御正。结果由于错误的版本成为钦定，无法改正，《四库全书》最终未能在学术界起到预想中的统宗的作用。

命运多舛

更可惜的是，《四库全书》完成后的两百年间，中国历经动乱，七阁藏书毁存近半。镇江的文宗阁、扬州的文汇阁在太平天国运动期间被毁。文源阁在英法联军攻占北京、火烧圆明园时被焚毁。文澜阁在太平军第二次攻占杭州时倒塌，所藏《四库全书》散落民间，经抢救后仅存原书的四分之一。

《四库全书》目前只存三阁半。其中，文渊阁本原藏北京故宫，是保存最为完好的一部，现藏台北故宫博物院。由于历史原因，沈阳文溯阁本现藏于甘肃省图书馆。承德避暑山庄文津阁本于20世纪50年代调拨到北京市图书馆，即今天的国家图书馆。这是目前唯一一套原架原函原书保存的版本。残缺的文澜阁本，经过三次补抄，补齐了《四库全书》漏抄、禁毁的典籍，意外地成为七部藏书中最完整的一部，现藏于浙江省图书馆。

随着出版技术的发展，《四库全书》焕发新生。民国初期，商务印书馆影印了《四库全书珍本初集》。1986年，台湾商务印书馆影印出版了文渊阁本《四库全书》，上海古籍出版社据此本缩印出版。如今，得益于电子数据库的应用，《四库全书》能以仿古样式呈现，即内文、开本、纸质、布面、装帧方式等与原版形式相同，为研究者所利用，实现其学术价值。（苏正道）

［清］郎世宁《乾隆皇帝大阅图》

乾隆帝六下江南

乾隆帝亲政后，处处想与祖父康熙帝比肩。他们同为清朝最有作为的两位君主，都曾六下江南进行南巡。与康熙帝南巡的轻车简从相比，乾隆帝下江南可谓隆重、奢华之至，至今仍被人津津乐道。

两位清帝的南巡

中国幅员辽阔，但最富裕的地区集中在江南，从宋代以来便有“苏湖熟，天下足”的谚语，意思是说，如果苏州和湖州的粮食丰收，天下人的食物就可以非常充足，以此形容江南的富足。

明清时期，南方尤其是江南的地位更加重要。清朝两位最有作为的君主——康熙皇帝和乾隆皇帝各自进行了六次南巡。康熙在平定三藩、收复台湾之后，先后六下江南。其主要目的是治理黄河，到最后一次南巡时，水患已经得到控制。此外，康熙南巡往往轻车简从，达到了巩固清朝对全国统治的效果，备受江南士人和百姓的好评。

乾隆帝亲政后总想与祖父康熙帝比肩，处处争胜。他同样在位六十年，还当了四年太上皇。在位期间，他同样六次南巡，却引来无数争议。乾隆帝巡游次数多，而且事前大肆诏告，要求粮草、行宫、物资等提前精心准备；出行讲究排场，不仅有护卫，还有随行的大臣；迎驾场面需要精心布置，靡费无度。他乘坐的“御舟”船体壮观，装饰精美；接驾时，总督、巡抚、知府需亲自到场，场面气派、隆重、热闹。而康熙帝乘坐的船只，仅船桅上悬挂龙旗，十分普通；接驾场面也

> **虹饮山房**
>
> 虹饮山房位于今苏州木渎古镇山塘街，最早是清初木渎文人徐士元的私家园林。乾隆下江南时，每到木渎，必先到虹饮山房游历一番，因此虹饮山房又被当地人称为乾隆的“民间行宫”。

苏州木渎虹饮山房

扬州瘦西湖

苏州狮子林

上下五千年

非常简朴，接驾人员有官员，还有很多普通百姓围观。两位皇帝的南巡，形成了鲜明对比。

> 平望为浙江界，长吏以画舫五百来迎，恐劳民力，却之不御。
>
> ——康熙帝

下江南的实绩

经过两年的精心准备，乾隆十六年（1751年），乾隆皇帝首次南巡，拉开了六下江南的序幕。

乾隆首次南巡规模盛大，随行人员众多，还有大量运粮的骆驼、骡子等。御用船只装饰奢华、精美，仅乾隆乘坐的御舟，就调用了三四千名纤夫。

乾隆南巡的路线经过精心计划，每次先陆路，后水路，回程则相反。以首次南巡为例，历时四个多月，行程陆路一千七百多里，水路一千三百多里，往返里程近六千里，可谓前无古人，后无来者。

此后，乾隆皇帝又于乾隆二十二年、二十七年、三十年、四十五年和四十九年五次南巡。前三次说是陪皇太后游览“尽孝”，第四次是预先庆祝自己七旬大寿。他每次出行一般选择在正月出发，四五月回京，这正是江南气候、风景最适宜旅游和观赏的季节。可以说，乾隆的南巡，既是政治巡察，也是游山玩水之旅。

但不可否认，乾隆六下江南，还是做了不少实绩的。

每次南巡前，乾隆为了显示自己的圣君形象和太平盛景，都会下诏免除巡察区域未上交朝廷的税赋，客观上减轻了百姓的疾苦。

水利是农业社会的基石，乾隆南巡的一项重要任务就是修筑海塘。他六下江南，先后四次住在海宁陈阁老家中。因为海宁地处钱塘江岸，钱塘江水利关系到江浙一带百姓的生计，也关系到朝廷的赋税。乾隆看到原有的柴塘、土塘抵挡不住海潮的冲击，于是下令将柴塘改为石塘。之后钱塘江共修建石砌海塘四千余丈，加强了这一地区抵御海潮侵袭的能力。

乾隆在南巡过程中还特别留意各地驻防军队的情况，他每到一处都告诫官兵，学习当年的满

南京灵谷寺

无锡惠山

杭州塘栖御碑码头

《飞雪》

乾隆帝是一个非常喜欢写诗的人，也是历代帝王中作诗最多的，但他的诗作质量平平。传说他面对飞雪，兴致很高，吟了三句诗，却卡壳了。旁边的文士连忙给他接了一句，顿时化腐朽为神奇，《飞雪》成为乾隆最出名的一首诗："一片一片又一片，两片三片四五片。六片七片八九片，飞入芦花都不见。"

清乾隆年间画珐琅丹凤纹盖碗

洲八旗兵丁，力戒武备松弛。这虽然不能挽救八旗兵日渐低下的战斗力，但还是起到了提振士气的作用。

江南经济发达，人才辈出，明代状元近四分之一和清代状元半数以上出自江南。从康熙时期开始，清廷就采取了笼络江南士人的诸多举措。乾隆宣布增加南巡所到地方的官学生名额，破格赏赐六百多人进士及第的资格。乾隆中后期，清廷编纂《四库全书》，抄写了七部，其中三部奉旨藏于江南。

江南是清朝的经济文化中心，乾隆南巡客观上改善了江南地方与中央的紧张关系，起到了安定天下的作用。

奢靡之旅

乾隆六下江南，从乾隆十六年开始，至乾隆四十九年结束，历时三十三年。乾隆本人对南巡的作用自视甚高，但历史上对此评价却很低，大多数人认为乾隆的江南之行不过是靡费之举。

乾隆是一位非常喜欢享受的皇帝，他出行大讲排场，衣食住行相当考究。拿常用的饮水来说，乾隆要求供应上等的泉水。比如在直隶（今河北一带），他饮的是玉泉山中的泉水；在山东，他喝的是济南的珍珠泉水；在江苏，他用的是镇江金山泉水；在浙江，他喜欢杭州的虎跑泉水。运输这些水，要花费极大的人力物力，但乾隆对这些奢侈生活习以为常，地方官员丝毫不敢马虎。

天下人文繁盛，应试众多者，莫如江南。

——《大清高宗纯皇帝实录》

乾隆对南巡行经的道路，要求极高。御道要笔直，所以往往要强拆民房。道路两旁要张灯结彩。路面要宽阔坚固，中间正路宽一丈六尺，两旁马路各宽七尺。有石桥的地方，要撒上黄土。御驾经过的地方，须清水泼街。沿途三十里以内，地方官员一律穿上官服迎驾，所有乡绅、士子都要到现场跪拜，以显示"盛世"气象。

乾隆南巡以水路为主，所乘御舟必须提前准备，还要有小舟备用。组织迎驾的官员要亲自赴浙江试航。

乾隆的行宫也特别讲究。他尤其喜欢风景如画的镇江焦山的行宫。焦山四面环水，是长江中唯一一座"水上公园"。乾隆皇帝六下江南，其中八上焦山，五次在此小憩。

乾隆在位六十年，出巡一百五十余次，在清

朝历史上首屈一指，在中国整个封建时代的帝王中也极为罕见。南巡也是他各种巡幸活动中最引人注目，也最让人津津乐道的。

乾隆六下江南虽然具有重要的政治意义，但靡费过甚，排场过多。在南巡的过程中，来自淮、扬的盐商投其所好，借机向乾隆邀宠，纷纷出钱承担南巡的花销，甚至主动负责接待工作。乾隆第一次南巡经过扬州平山堂，当地商人闻知他酷爱梅花，于是集体出资在其行宫栽种了上万株梅花。乾隆来到这里，看到一望无际的梅林，龙颜大悦，对积极捐献巨款的两淮盐商大加嘉奖。各地官员、商人纷纷效仿，助长了南巡的铺张奢侈之风。

意外的遗产

乾隆六下江南已成往事，曾经万人空巷的盛景，最终只留下了题字的匾额、赐写的诗词和无尽的传说。不过，乾隆南巡时对园林艺术和戏曲文化的雅好，却留下了意外的遗产。

乾隆下江南修建了无数的行宫，但他最喜爱的是江南园林。比如，杭州小有天园，位于南屏山，登上山巅便可以尽览西湖风光，乾隆就曾在这里流连忘返。小有天园与南京的瞻园、海宁的安澜园、苏州的狮子林，并称为“江南四大名园”，深受乾隆喜爱。

回京后，乾隆大兴园林，建造圆明园，特别注意对江南园林的借鉴。其中的小有天园模仿杭州汪氏小有天园，安澜园模仿海宁陈氏安澜园，狮子林模仿苏州名园狮子林，如园模仿南京瞻园。这些新建的园林均能因地制宜，多有创新，可惜后来都毁于战火。另外，他主持建造的昆明湖，完全仿造杭州西湖修建，玉泉山则是仿济南趵突泉而修建和命名的。

乾隆下江南还对京剧的发展产生了决定性的影响。南巡所经之处，江南臣民常为他演戏，讨他欢心，这推动了舞台艺术的交流提升，为戏班和伶人的生存提供了肥沃的土壤。乾隆对花部声腔的态度也影响了花雅之争的走向。京剧的繁荣虽然在清朝后期的同治、光绪之后，但无疑是从乾隆南巡时引发的。

乾隆的书法一般，但自视甚高。他遍游江南名园秀水，在所到之处刻石、题字、题诗，为后代留下了大量的文化资源。

乾隆六下江南的故事还带动了小说创作的繁盛，使他成为晚清民国以来很多公案小说的主角，民间也留下了许多有趣的传说，其影响一直在延续。

（苏正道）

清乾隆年间景德镇窑
蓝地金银彩桃果纹瓶

清代宫廷绘画《乾隆南巡图》第六卷《驻跸姑苏》

曹雪芹与《红楼梦》

曹雪芹经历了家世从显赫到衰败的幻灭，深切体验了人生的无常与世道的苍凉，他将这一切悲欢离合倾情投入小说《石头记》(即《红楼梦》)的创作之中，最终成就了这部中国古典小说的巅峰之作。

家世显赫

曹雪芹，名霑，字梦阮，号雪芹、芹圃、芹溪。曹雪芹的先祖可追溯到北宋开国大将曹彬，曹彬的后代后来随军队到了辽阳一带。努尔哈赤率领后金八旗兵攻占沈阳、辽阳一带时，曹雪芹的太高祖、高祖被俘虏，沦为女真贵族的包衣。

曹家祖先跟着努尔哈赤、皇太极等人长年征战，立下赫赫战功，曹家也从王府包衣转为内务府包衣。后来曹雪芹的曾祖父曹玺由王府护卫升任内廷二等侍卫。曹玺之妻、曹雪芹曾祖母孙氏做了顺治帝第三子玄烨的保姆。为了防止幼子感染水痘，顺治帝让保姆带着玄烨到京师西华门外的福佑寺“避痘”。在那里，孙氏一直相伴左右，虽然玄烨没能躲过水痘，但在孙氏的照顾下完全康复。

北京曹雪芹故居

包衣

包衣是清代一种旗籍的名称，满语的意思是“家的”或“家里的”。包衣就是满清皇室和贵族的家养奴隶。

清乾隆年间紫地珐琅彩花卉纹瓶

顺治帝驾崩后，玄烨继位，即康熙帝。由于从小的养育和一起避痘的经历，康熙对孙氏的感情尤为深厚。他后来曾对身边的大臣说，孙氏好比他自家的老人。被皇帝视为自家老人，这是何等的荣耀。康熙还御赐曹家“萱瑞堂”的匾额，“萱”就是萱花，中国古人将其视为“母亲花”。正因为这层关系，孙氏的儿子、幼年曹寅做了康熙的伴读。

康熙二年（1663年），担任内务府营缮司郎中的曹玺被任命为江宁织造，负责织造宫廷里和朝廷官用的绸缎布匹，完成皇帝临时交办的差事，

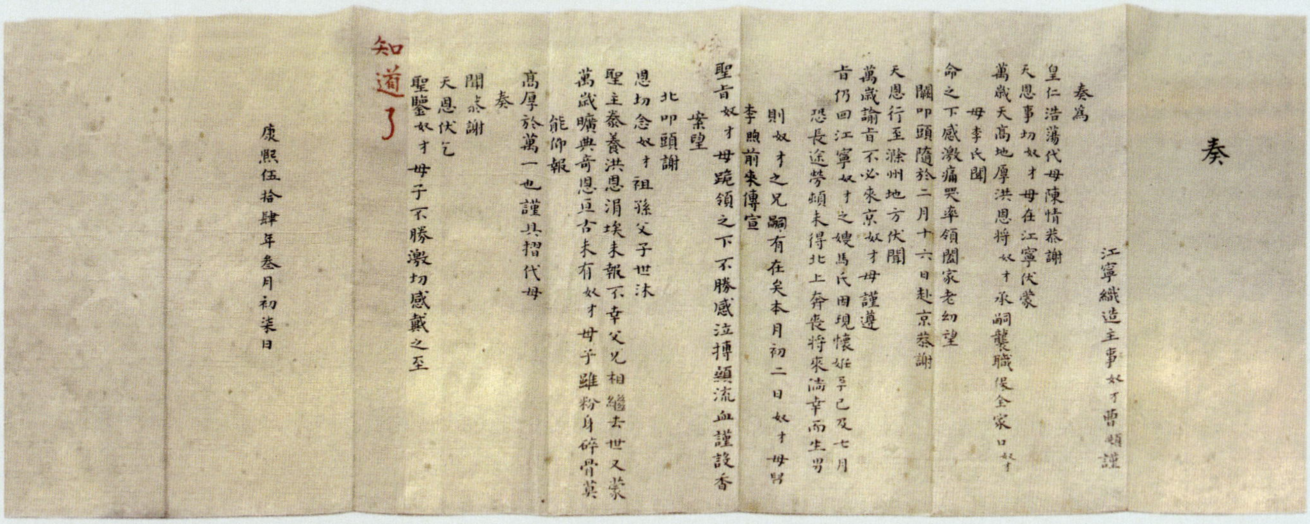

曹雪芹博物馆里康熙帝批阅的奏章

并充任皇帝的耳目，暗地里考察地方官场与民间的情况。由于曹玺忠实勤奋，办事利索，康熙对他更加宠幸。

康熙二十三年，曹玺积劳成疾病逝。康熙南巡到江宁（今江苏南京）时，亲自到织造府慰问曹玺的家属，还特意派遣内大臣前往祭奠。曹玺的儿子曹寅十七岁就当上了康熙的侍卫，后又在内务府任职，深得康熙赏识。

曹玺死后六年，曹寅出任苏州织造，两年后调任江宁织造。曹寅和他的儿子曹颙（yóng）、继子曹頫连任江宁织造近四十年。曹寅在江宁织造府任职的二十三年里，四次承办康熙南巡接驾的任务。曹家富贵尊荣，显赫一时。

曹寅精通诗词、书法、绘画、戏曲等。他不仅广交各界名流，还养了家庭戏班，经常设宴演戏，边喝酒边吟诗唱曲，曹家营造出浓厚的文化艺术氛围。

曹寅不仅文学造诣极高，而且藏书极为丰富。孙儿曹雪芹出生后，曹寅给他取名“霑”，用的是《诗经》中“既霑既足，生我百谷”的典故，期盼孩子能飞黄腾达，光宗耀祖。曹雪芹从小耳濡目染，在祖父的书房里阅读了大量藏书，再加上他生活在江宁织造府，接触到不少显贵，也接触到西方文化，从而积累了深厚的学识。

家族衰败

雍正年间，曹家担任江宁织造期间多年亏空，早已让皇帝不满，更因为曹頫弥补不了亏空等因素惹了圣怒。雍正五年（1727年）腊月，雍正皇帝下旨查封曹家财产，并将重要家人严拿查办。

曹家的财产被查抄后，雍正将其赏赐给了继任江宁织造的隋赫德。后来隋赫德考虑到曹家的实际情况，将从曹家抄没的京师崇文门外蒜市口（今北京东城区广渠门内大街）的十七间半房屋和三对家仆留给了曹家。

清康熙年间五彩鱼藻纹盘

曹雪芹随全家老少从江宁回到京师后，就住在崇文门外蒜市口那十七间半房中。清代的蒜市口，商业气息浓厚，也是酒馆、戏楼林立的地方。这是曹雪芹随同全家回京后的第一个落脚点，蒜市口无疑给他留下了深刻的印象，从此，曹雪芹开始了京城生活。

结庐京郊

被抄家后，曹家的地位一落千丈，经济状况更是从此一蹶不振。

乾隆十五年（1750年）前后，曹雪芹的家境越来越差。他曾几次搬家，在旧刑部街住过，也在崇文门卧佛寺一带比较偏僻的地方住过，后来竟连个立足之地也没有了，不得不离开城里，全家搬迁到西郊香山附近的旗地居住。

迁至京西后，曹雪芹过着“举家食粥酒常赊”的生活，靠卖画及亲友接济过日子，只有敦诚、敦敏等几位好友偶尔去看他。

就是在这样极端困苦潦倒的日子里，曹雪芹进行着《石头记》的创作。

从《石头记》到《红楼梦》

曹雪芹回忆早年的荣华富贵，痛感世态炎凉，将满腹才华和对曹家没落的感悟都寄托在写作中。他批阅十载，增删五次，构思出一部描写官宦世

鲁迅评《红楼梦》

曹雪芹在《红楼梦》中写道：“好一似，食尽鸟投林，落了片白茫茫大地真干净！”鲁迅在《中国小说史略》中这样点评《红楼梦》：“悲凉之雾，遍被华林，然呼吸而领会之者，独宝玉而已。”

清代孙温绘《全本红楼梦》插图

满纸荒唐言，一把辛酸泪。都云作者痴，谁解其中味？

——［清］曹雪芹

家大族没落的长篇小说。这部小说假托女娲补天留下的顽石记录的故事，因此曹雪芹将其命名为《石头记》。“字字看来皆是血，十年辛苦不寻常”，可以说《石头记》是曹雪芹的呕心沥血之作。

乾隆二十七年，曹雪芹唯一的爱子染病而死。曹雪芹在无比的悲痛中，一面奋笔疾书，一面借酒浇愁，最终在这年除夕离开了人世。

《石头记》以生长于富贵之家的贾宝玉、林黛玉的爱情悲剧为主线，描绘了清朝前期世家大族的生活图卷，反映了年轻一代对自由和幸福生活的向往，同时写出了封建大家族由衰落一步步走向灭亡的悲哀。关系复杂、矛盾和危机重重的大家族生活图景，各具情态的芸芸众生之相，在曹雪芹笔下徐徐展开，显示出作者极其高超的写作才能。

清代后期，这部小说在北京的文人圈子里开始流传。在早期的手抄本中，书名大都是《石头记》。乾隆五十六年、五十七年，程伟元等将这部小说用活字排印了两次，以《新镌全部绣像红楼梦》为正式书名。此后，《红楼梦》这部伟大的著作，便从北方到南方流行起来。（袁碧荣）

孙温绘《全本红楼梦》

孙温是河北丰润人，出生在清代嘉庆年间。因为痴迷《红楼梦》，孙温花费三十六年，把书中所有精彩情节都画成了工笔画。孙温所绘《全本红楼梦》是大幅绢本工笔彩绘画册，共二十四册，总计二百三十幅图。

清代孙温绘《全本红楼梦》插图

锡伯族戍守边疆

锡伯族原居东北地区，多年的游牧、狩猎生活使得他们能骑善射、英勇彪悍。乾隆年间，清朝征调部分锡伯族人西迁到战略位置重要的新疆地区，此后锡伯族便在祖国西部戍守边疆，为中华民族的发展和国家的统一做出了重大贡献。

巩固东北地区防务

锡伯族历史悠久，源远流长，在长期的发展过程中，创造了自己的辉煌历史。锡伯族先民曾经居于大兴安岭、嫩江上游一带。明朝末年，建州女真崛起，威胁到扈伦四部（叶赫、乌拉、哈达、辉发）的地位。于是，明万历二十一年（1593年），叶赫部联合乌拉、哈达、辉发、科尔沁、锡伯、卦尔察、朱舍里、讷殷八部，与努尔哈赤领导的建州女真在古勒山作战，结果九部联军战败，史称“古勒山之战”。战后，努尔哈赤采用安抚手段，对他们中的主动归顺者，与建州女真人一视同仁。有鉴于此，不少锡伯贵族主动投奔努尔哈赤，被授以官职，称为“锡伯世管佐领”。古勒山之战后，努尔哈赤在科尔沁蒙古实行盟旗制度，锡伯人被编入科尔沁蒙古旗。

英国探险家绘制的清朝新疆锡伯族移民画像

17世纪中叶，沙俄占据雅克萨地区（今黑龙江漠河以东黑龙江北岸、俄罗斯的阿尔巴津），并在此筑城，不时侵扰索伦部、达呼尔部。康熙二十四年（1685年）至二十六年，清朝出兵打败了沙俄侵略者，收复了雅克萨。在抗击沙俄入侵的战争中，锡伯族官兵虽然没有直接参战，但是锡伯族民众将自己辛勤耕作的粮食贡献出来，为前线官兵提供物质给养，为赢得战争提供了有力支持。

此次战争结束后，为了防止沙俄再次南侵，安定边陲，清朝不断巩固东北的防务。康熙三十一年，清朝决定在齐齐哈尔、伯都讷（今吉林松原）两地筑城，派驻官兵。但苦于兵源枯竭，无从调遣，于是康熙帝降旨科尔沁蒙古王公，要求其献出所属锡伯人。科尔沁将锡伯人献出后，清朝政府将他们编入满洲八旗，分驻齐齐哈尔、伯都讷和乌拉（今吉林市）三城，还要求他们定期到乌兰淖尔等处驻守卡伦（满语，意为哨所），巡查边界。

康熙三十八年至四十年，清朝为了整顿东北防务，加强盛京、京师等地的防护，将齐齐哈尔、伯都讷等地的锡伯族官兵及家眷，迁至盛京所属的开原、辽阳、义州、金州、兴京、牛庄、抚顺等地，其中部分被派往顺天府（治今北京），部分留驻京师，分配到满蒙八旗当差。

西迁新疆戍边卫国

准噶尔部是明代漠西卫拉特蒙古四部之一，游牧于巴尔喀什湖以东、天山以北的伊犁河流域。17世纪中叶，噶尔丹在篡夺准噶尔部的统治权后，开始积极向四周扩张，抢夺势力范围，与清朝中央政权抗争。为了国家统一，康熙、雍正、乾隆三朝长期用兵准噶尔，最终消灭了该部割据势力。在征讨准噶尔部过程中，锡伯族官兵积极响应征召，英勇杀敌，屡立战功。

在平息了准噶尔的叛乱之后，为了加强对伊犁地区的防御，乾隆二十九年（1764年），乾隆帝下旨：锡伯族官兵及亲眷四千余人，全部由盛京出发，前往千里之外的新疆伊犁地区屯垦戍边。途中又有三百五十名锡伯人降生，还有追随而来的四百零五人，这些人经过了蒙古高原的风沙、洪水的侵袭，忍受了饥饿的折磨，长途跋涉一年多，终于在乾隆三十年七月下旬陆续到达伊犁惠远地区。

随后，伊犁将军将这些人编为六个“牛录”（清朝八旗制度的一种基层组织单位）。第二年春，又将他们迁移到察布查尔地区，将六个牛录扩编为八个牛录，组建了锡伯营，成为当时驻守伊犁的“伊犁四营”（锡伯营、索伦营、察哈尔营和额鲁特营）之一。为戍守边关，锡伯营最初在伊犁河谷设立了十九处卡伦。

锡伯营不仅承担了驻守伊犁的军事防御任务，同时还承担了伊犁地区的生产发展任务。嘉庆年间，西迁到新疆伊犁的锡伯族军民，在总管图别特的领导下，经过七年艰苦奋斗，克服重重困难，

《平定准部回部得胜图·呼尔璊大捷》

《平定准部回部得胜图·平定回部献俘》

终于修成了一条宽约一丈二尺，深约一丈，东西长二百余里的灌溉大渠锡伯渠（今察布查尔渠）。锡伯渠引伊犁河水灌溉，辟田七万余亩。水利灌溉设施的修建，为当地农业的发展创造了条件。

平定和卓后裔叛乱

乾隆二十四年，大、小和卓叛乱被平定之后，大和卓波罗尼都之子萨木萨克等逃亡到浩罕汗国。萨木萨克有三子，长子玉素普，次子张格尔，三子巴布顶。他们在浩罕汗国的支持下，经常进犯南疆。因此，清朝政府在统一新疆后，派遣包括锡伯族在内的各族官兵，加强在南疆的布防。

道光六年（1826年），张格尔在外国势力的怂恿与支持下，带兵潜入新疆，守卫官兵尽管英勇善战，但由于事发突然，寡不敌众，张格尔占据了喀什噶尔、叶尔羌、英吉沙尔、和阗四城，进行残暴的统治。清朝迅速调兵征讨张格尔，锡伯营总管额尔古伦率领官兵，随同清军讨伐张格尔，接连取得战斗的胜利。

道光七年，清朝收回被张格尔占领的四城，张格尔逃亡。但他不甘心失败，准备再次发起突然袭击，卷土重来。然而这一情报被锡伯族官兵获得，他们将消息呈报给督军作战的长龄将军，长龄立即调整策略，派遣官兵主动追歼残敌。在喀尔铁盖山战斗中，锡伯族官兵英勇善战，与各族官兵一起生擒张格尔，彻底平定了张格尔在南疆的叛乱活动。

道光八年，清朝在平定张格尔叛乱之后，对新疆的政策做了调整，在处理与中亚浩罕汗国的关系上，采取了一些惩罚性措施。浩罕汗国统治者感到利益受损，于是伺机报复。道光十年，浩罕汗国派军队挟持张格尔之兄玉素普入侵，大肆烧杀掳掠，先后占领了喀什噶尔、英吉沙尔二城，并分兵进攻叶尔羌城。额尔古伦又奉命率领锡伯族官兵，开赴南疆，抗击浩罕汗国的侵略。锡伯族官兵与其他民族官兵一道，英勇善战，解除了叶尔羌之围，收复了喀什噶尔、英吉沙尔二城，浩罕汗国军队与玉素普仓皇逃回浩罕汗国。在此次出征中，锡伯族官兵取得了辉煌战绩，许多官兵都得到了晋升奖励。

（杨力源）

西迁节的来历

乾隆二十九年，清朝政府为加强新疆的防务，从盛京所属地方，抽调一批官兵连同其家眷西迁伊犁屯垦戍边。临行的前一天，是农历四月十八。西迁的锡伯族官兵和家属同送行的锡伯人在家庙聚餐话别。以后的每年农历四月十八，居住在盛京的锡伯人便把这天当作民族节日来过，以怀念西迁的先人。后来，农历四月十八就成为锡伯族纪念历史上民族大迁徙的节日——西迁节。

定边将军兆惠画像

兆惠是平定大、小和卓之乱的主帅。

《平定回疆剿擒逆裔战图册·生擒张格尔》

此画作者不详，描绘了道光年间清军平定南疆张格尔叛乱的情形。绘画技法受到了郎世宁等西方宫廷画家的影响。

《平定准部回部得胜图·乌什酋长献城降》

此画描绘了乾隆二十三年，回部首领霍集斯接受清朝招抚，于乌什城边迎接清军的场景。

土尔扈特部东归

明朝末年，由于漠西蒙古内部分裂、混战，土尔扈特部被迫背井离乡，向西北方人烟更为稀少的地方迁徙。土尔扈特部通过艰辛的努力建立起新家园，却又遭到沙俄的侵占。不甘心被奴役的土尔扈特人，在年轻首领渥巴锡的带领下，踏上了漫漫东归路，回归故土。

背井离乡的土尔扈特部

明朝末年，漠西蒙古主要分为五部：土尔扈特部、杜尔伯特部、和硕特部、准噶尔部、辉特部。其中，准噶尔部日益强盛，开始恃强凌弱，兼并周围部族。土尔扈特部首领和额尔勒克不堪忍受欺凌，于17世纪30年代带领土尔扈特部牧民，以及杜尔伯特部、和硕特部的部分牧民离开世代游牧的塔尔巴哈台附近地区（今哈萨克斯坦境内），开始向西迁徙，在额济勒河（今伏尔加河）下游沿岸的荒凉地带开辟了新的牧场，建立起土尔扈特汗国。

叶卡捷琳娜二世画像

尽管土尔扈特部远走他乡，但始终与清朝保持着联系。第三代首领阿玉奇汗曾经遣使朝贡，康熙帝不仅亲自接见了使臣，还于康熙五十一年（1712年）派出使团前往额济勒河畔探望土尔扈特部，当时阿玉奇汗便明确表达了有朝一日回归故土的意愿。

清代土尔扈特银印

这是乾隆帝颁给土尔扈特部首领渥巴锡的官印，印面上刻有满蒙两种文字，意思是“忠诚的旧土尔扈特部英勇之王”。这是清政府对土尔扈特部首领进行封爵赐印的历史物证。

18世纪六七十年代，好不容易站稳脚跟的土尔扈特部又面临严峻的危机。当时的沙俄正处于女皇叶卡捷琳娜二世的统治之下，在克服了内部农民起义的危机后，资本主义迅速发展，沙俄开始向欧洲大肆扩张。在此背景下，沙俄的近邻土尔扈特部苦不堪言。沙俄通过各种手段渗入土尔扈特政权，试图架空土尔扈特汗王，直接干涉，操控土尔扈特汗国，同时指使附近的哥萨克部落占领土尔扈特部的牧场，不断压缩土尔扈特部的生存空间。更加令人难以忍受的是，沙俄政府为了充实兵力，强征土尔扈特部青年入伍，这些青年大多沦为沙俄对外扩张的牺牲品。

沙俄的残酷压榨导致土尔扈特部人口锐减，面临着灭亡的危机。而且沙俄仍不满足，还强迫信仰藏传佛教格鲁派的土尔扈特人改信东正教，试图以此彻底切断土尔扈特部与清朝的联系，进而彻底控制土尔扈特部。这种霸道行径最终成为压垮骆驼的最后一根稻草，激起了土尔扈特人的激烈反抗。

面对如此严酷的局面，阿玉奇汗的曾孙——年轻的汗王渥巴锡意识到，土尔扈特部已经处于灭亡的边缘，势单力薄，没有能力与强大的沙俄抗衡，要想摆脱被奴役的命运，只能回归故土。

［清］郎世宁等《万树园赐宴图》

乾隆十八年（1753年）冬，杜尔伯特部由其首领率领所属三千多户、一万余众离开多年游牧的额尔齐斯河，投奔至清朝管辖地乌里雅苏台。乾隆帝对他们表示热烈欢迎，并于次年五月在避暑山庄的万树园举行隆重的宴会。《万树园赐宴图》对这次宴会进行了纪实性描绘。

困难重重的东归路

曾经将土尔扈特部挤走的准噶尔部在清初继续坐大，不断在西北发动战争，抢占了天山南北的广大地区。它还与沙俄勾结，开始向东试图兼并喀尔喀蒙古。在清朝前期，准噶尔部是影响西北边疆稳定和国土完整的一大威胁。从康熙年间开始，清朝多次出兵平定准噶尔部，到乾隆年间，彻底粉碎了准噶尔贵族的叛乱，并且平定了与准噶尔部沆瀣一气的大、小和卓，重新控制了北疆，结束了西北地区分裂混战的局面。这一消息传至土尔扈特部后，渥巴锡更加坚定了回归故土的决心。

经过深思熟虑和反复商讨，渥巴锡最终决定东归，并于乾隆三十五年底（1771年初）对土尔扈特部全体牧民进行了动员，制订了东归计划。当时的土尔扈特部牧民分布在额济勒河两岸，西岸约一万户，东岸约三万户。渥巴锡计划在冬季河水结冰后，西岸的牧民过河在东岸集结，一同东归。但由于被沙俄察觉，东归计划被迫提前，当时额济勒河还未结冰，西岸的人们无法过河，渥巴锡只能忍痛带领东岸人民踏上归途，西岸的一万户土尔扈特人再也没能回到祖国。

为了表示永不回头的决心，渥巴锡下令烧毁所有房屋，带上牲畜启程。叶卡捷琳娜二世得知渥巴锡率部东归后十分恼火，派兵前去追击。在渡过乌拉尔河之前，土尔扈特部被追兵赶上。因措手不及，没能及时组织反抗，东归的队伍遭到了残忍的屠杀，近万人丧命。面对强敌尾随，渥巴锡定下心来，亲自带兵指挥，终于打败敌人，使部族摆脱了被沙俄追兵消灭的危险。

即便如此，东归之路依然异常艰辛。由于路

归顺清朝后的渥巴锡画像

途遥远，道路难行，再加上气候恶劣、瘟疫流行，土尔扈特部一路上人畜损失十分严重。但种种困难都没有使渥巴锡停下脚步，他在途中坚定地鼓舞部族百姓，激励人们在巨大的困难和牺牲面前保持希望和勇气。

乾隆三十六年夏，凭借坚韧的毅力和不可撼动的决心，土尔扈特部终于到达伊犁河畔，在背井离乡一百四十多年后，重新回到了故土。这时的土尔扈特部，从额济勒河畔出发时的三万余户、十七万余人减少到只剩七万人，而且人人衣衫褴褛、形容憔悴。

重回故土，安居乐业

土尔扈特部东归的消息传至京城后，在朝廷内部引起了一阵争论，大臣们围绕是否接纳安置土尔扈特部产生了不同的意见。最终乾隆帝决定接纳他们，命伊犁将军负责安置，并从国库拨银二十万两帮助土尔扈特部购买生产生活用具。同时他派人传达旨意，要求渥巴锡在秋天到避暑山庄觐见。

乾隆三十六年秋，渥巴锡等人到达热河木兰围场觐见乾隆，随后在避暑山庄又受到乾隆的多次接见，在避暑山庄期间，乾隆给予渥巴锡等人很高的礼遇。为了表彰渥巴锡率部东归的壮举，乾隆册封他为卓理克图汗（意为“英勇汗”），每逢宴会必有封赏，并且将他的座位安排在王公贵族之首。乾隆还亲自撰写《土尔扈特全部归顺记》和《优恤土尔扈特部众记》两篇碑文，命人用满、汉、蒙、藏四种文字镌刻石碑，立于避暑山庄的普陀宗乘之庙内。

为了更加稳妥地安置东归的土尔扈特部，清廷将其划分为多个盟旗，分别安置在水草肥美的地方。土尔扈特部在经历了一个多世纪的苦难岁月后，终于在祖国过上了世代安居乐业的生活。

（杨力源）

《皇清职贡图》中描绘的土尔扈特平民

《皇清职贡图》是清乾隆年间编写的一部民族史书，由傅恒、董诰等编纂，门庆安等绘图。描绘了清朝国内以及周边，乃至欧洲、东南亚等地平民的形象，并配有文字说明，简要介绍了当地的风土人情，以及该族和清朝之间的关系。

金瓶掣签

用金瓶掣签的方式来认定藏传佛教最高等的大活佛转世灵童，是乾隆五十七年（1792年）正式设立的制度。乾隆帝为什么要制定金瓶掣签制度？他又是如何治理西藏的？

乾隆直笔抒胸臆

17世纪前期，生活在我国东北地区的女真人建立的后金政权迅速崛起，后来皇太极改族名为满洲，改国号为清，联合蒙古对付明朝。顺治元年（1644年），清军进入山海关内，入主中原。为巩固满蒙合作关系，加强对全国的统治，清朝始终将尊崇藏传佛教格鲁派作为基本国策。

乾隆五十七年（1792年）冬季的一天，京师天寒地冻，北风呼啸。年过八旬的乾隆帝在温暖的室内，手执狼毫，运笔如飞。

他写道："佛法始自天竺，东流而至西番。……佛岂有私？故不可不禁。兹予制一金瓶，送往西藏，于凡转世之呼必勒罕，众所举数人，各书其名置瓶中，掣签以定。"

他越想越为自己创立金瓶掣签选定活佛转世灵童的举措感到得意，继续写道："去转生一族之私，合内外蒙古之愿，当耄近归政之年，复成此事，安藏辑藩，定国家清平之基于永久，予幸在兹，予敬亦在兹矣。"

这篇文章就是著名的《喇嘛说》。

《喇嘛说》被刻成满、汉、蒙、藏四种文字的石碑，至今仍竖立在北京东城区的藏传佛教格鲁派寺庙雍和宫内。雍和宫是乾隆帝的父亲雍正帝即位之前的王府，乾隆帝就诞生在那里，后被改为

乾隆帝僧装唐卡

画中为中年乾隆帝形象。此唐卡勾线工整流畅，色彩丰富，为宫廷画师所绘。在八世达赖喇嘛举行坐床典礼时，乾隆帝派专使携带大量礼品及这幅唐卡入藏，赐予八世达赖喇嘛。此后的八世、九世班禅，十世、十一世、十二世达赖喇嘛"转世灵童的金瓶掣签"仪式，在清朝驻藏大臣和西藏地方政府官员的共同主持下，均在乾隆帝这幅画像前举行。

寺庙。

说起乾隆帝亲笔撰写《喇嘛说》的直接原因，还要追溯到乾隆四十五年六世班禅进京为他祝贺七十大寿一事。

金瓶掣签的金瓶与象牙签

班禅进京谢圣恩

五世达赖曾经专门到京师觐见顺治帝，而班禅因种种原因，一直未能入朝觐见。为了抬高班禅的政治地位，同时加强清朝对蒙藏地区的统治，乾隆皇帝选择自己七十寿辰之机，让六世班禅以祝寿为名，前来内地觐见。

乾隆为迎接六世班禅做了充分准备，一是在承德修建了专门接待的热河扎什伦布寺（汉名“须弥福寿之庙”），二是安排专人负责接待，三是对接待的地方大员当面交待任务，四是令各蒙古部首领均来承德避暑山庄祝寿。为和六世班禅交谈，乾隆还开始学习藏语。

乾隆四十四年六月，六世班禅从日喀则扎什伦布寺启程，取道今西藏、青海、甘肃、宁夏、内蒙古，于次年七月二十一日抵达承德。当天，他乘轿前往避暑山庄，觐见乾隆帝。

乾隆在寝宫门前等候，王公大臣数百人在两廊下站班侍立。八月初七是乾隆七十大寿寿辰，班禅随同各方贺寿人士祝贺乾隆皇帝万寿，班禅还献上长寿佛画像81幅，作为寿礼。

御制《喇嘛说》册

活动后，乾隆命皇六子陪同六世班禅一行于八月二十四日离开承德，九月二日抵达京师，住在五世达赖喇嘛觐京时曾经居住过的黄寺。其间，六世班禅在京师多处参观、讲经说法。

乾隆四十五年十月二十六日，六世班禅突然感到身体不适，不思饮食，腿部出现红疹。二十九日下午，乾隆亲临黄寺看望，回宫后命御医诊治，确诊六世班禅感染天花。

几天后，即十一月初二下午，六世班禅在京师黄寺逝世，终年四十二岁。

外来势力侵后藏

六世班禅共有兄弟六人，其中一位是格鲁派活佛，被称为仲巴呼图克图，担任扎什伦布寺的扎萨喇嘛，掌管寺中的政教大权；还有一位叫沙玛尔巴，是藏传佛教噶玛噶举派第十世红帽活佛，法名确珠嘉措。

六世班禅在向乾隆帝祝寿行程中，因路途遥远，沿途接受朝拜，法事不断，收获金银财宝和牛羊驼马无数。这些财产都被仲巴呼图克图运回西藏，他除了将一部分牛羊马匹交给扎什伦布寺外，其他金银财宝都据为己有。沙玛尔巴因不属于格鲁派，分文未得，他感到十分不满，于是勾引外敌抢劫，结果引发了廓尔喀侵犯西藏的战争。

前线军情紧急，却无人指挥，乾隆勃然大怒，派亲信大将福康安率大军入藏平定。最终清军驱逐了廓尔喀军队，彻底扑灭了外国侵略势力的嚣张气焰，使中国西藏边境保持了百余年的和平。

上下五千年

雍和宫

雍和宫是北京最大的藏传佛教格鲁派寺院，为全国重点文物保护单位，始建于康熙三十三年（1694年），因雍正帝即位前曾在这里居住，又称为雍亲王府。雍正三年（1725年）改王府为行宫，又称雍和宫。雍正十三年，雍正帝驾崩，灵柩曾在这里停放。因雍正帝在这里生活、乾隆帝在这里诞生，雍和宫一连出了两位皇帝，所以这里的宫殿外形皆为黄瓦红墙，与紫禁城皇宫规格一致。

金瓶掣签安雪域

廓尔喀侵犯西藏的战争和清朝各级政府官员的应对，充分暴露出清朝中期在治理西藏各个方面存在的问题，乾隆皇帝对此高度重视，决心在赏罚的同时，对清朝治理西藏多方面的经验得失进行总结，制定一整套有效解决西藏地方政教问题、“以期永远遵循”的法律制度。他命令福康安、孙士毅、和琳、惠龄等人，和达赖、班禅两方面的重要僧俗官员共同研究，草拟清朝治理西藏政治、宗教和对外事务的制度和政策，上报朝廷批准后执行，以使西藏政局稳定，长治久安。

随后，清朝治理西藏的多项政策制度相继出台。乾隆五十七年底，乾隆帝派人将金瓶送达拉萨。八世达赖喇嘛专门向全藏颁发文告，积极拥护和贯彻金瓶掣签制度。到乾隆五十八年，这些政策制度汇编成册，成为著名的《钦定藏内善后章程》二十九条。

乾隆六十年，乾隆帝退位后，专程派人给西藏送去自己穿着僧装的画像。嘉庆三年（1798年），八世达赖喇嘛令在布达拉宫供有康熙帝牌位的三界殊胜寝殿中央特建精舍供奉乾隆帝画像。此后，数位达赖喇嘛和班禅额尔德尼的转世灵童的掣签都在该殿乾隆帝画像和牌位前进行。

作为清朝盛世的制度汇编，《钦定藏内善后章程》二十九条被乾隆朝以后所沿用，有些内容甚至被中华民国政府沿用，对今天我们党和政府治理西藏地方和藏传佛教事务依然有着借鉴作用。（廉湘民）

雍和宫四体碑

四体碑高近六米，四面分别用满、汉、蒙、藏四种文字刻写乾隆帝御制《喇嘛说》的内容。碑文重点阐述了活佛转世制度的由来及弊端，提出了金瓶掣签制度的革新手段。

马戛尔尼的礼单

马戛尔尼使团是乾隆晚期英国派遣到中国的豪华使团，以带领者马戛尔尼伯爵命名。他们在行前对遥远的东方大国充满了美妙的遐想，为了打动乾隆帝，马戛尔尼带来了精心准备的礼物，但是他没想到，因为礼仪冲突及更深层次的原因，双方的会面并不顺利，这次造访最终以失败告终。

马戛尔尼使团

乾隆五十八年（1793年）六月底，在天津大沽河口（英国人误称为白河口），一簇清朝官员正在迎接一个庞大的外国使团。这个来自英国的使团已经在路上花费了将近一年的时间，他们借着给乾隆帝祝寿的名义，带着丰厚的礼品来到中国。

使团堪称庞大而豪华，成员有植物学家、化学家、天文学家、画师、绘图员、医生等，共九十二人，加上船员、士兵和仆人，共四百人。使团所乘坐的船舰共四艘：旗舰“狮子号”配有六十四门火炮，虽非头等战船，但也足够威慑清朝官员；另外三艘一大两小，都是武装帆船。

使团由马戛尔尼伯爵带领，他在英国政界地位不低，背景深厚，而且拥有丰富的外交和殖民地事务经验。

马戛尔尼画像

英国政府任命这样一位使者来华，自然不会是单纯为好面子的乾隆帝祝寿。果然，除了礼品，马戛尔尼还带着一份条约草案，概括起来，主要有六条要求：

允许英国商船在舟山、宁波、天津等处登岸，经营商业；

按俄国商人在中国通商之例，允许英国商人在北京设立洋行；

在舟山附近划一座未设防的小岛归英国商人使用，以便英国人居住和存放货物；

在广州附近取得同样的权利，任由英国商人自由往来；

清朝对英国商货免税，或按照乾隆四十七年的税率从宽减税；

不在税率之外对英商另外征收税费。

这些诉求比后来的《南京条约》要温和很多，但目的十分相似。换句话说，马戛尔尼此行的目的就是要在中国开辟商埠。

《1793乾隆英使觐见记》

外国人眼中的清朝是怎样的？英国访华使团的钦使马戛尔尼在日记中记录了他的访华经历，后来这本日记被我国最早的白话文提倡者之一、语言学家刘半农译为中文，这就是《1793乾隆英使觐见记》。

清乾隆年间白釉矾红彩龙纹高足盖碗

天朝怀柔远人

为了打动乾隆帝，马戛尔尼带来了英国政府

> **大贪官和珅**
>
> 和珅是乾隆帝后半生最宠信的权臣，马戛尔尼使团访华期间，和珅曾带领他们在承德避暑山庄参观，他的风度和谈吐让马戛尔尼很有好感。然而，和珅也是一个大贪官。在他当权的二十多年里，他贪污的财产相当于当时清政府十几年财政收入的总和。乾隆帝死后十天，和珅入狱，嘉庆帝下旨对和珅进行抄家。五天后，嘉庆帝赐和珅自尽，并诛灭和珅一族。

精心准备的礼物。因为中国自古就重视观测天象，需要精确观察天象的仪器，马戛尔尼便带来了望远镜、天体运行仪、太阳系仪、地球仪、月相仪等天文仪器；为了显示欧洲现代战争技术的进步，他们带来了代表英国最新发展水平的“轻便的枪炮”，既向清朝展示实力，同时也有推销军火的意图。此外，他们还带来了两辆最新式的豪华马车，希望可以讨得喜爱浮华和奢侈的乾隆帝的欢心。船只模型、钟表、乐器、图册、呢绒毡毯也赫然在列，这些礼物都是要彰显英国的工业和科技水平。礼物的背后，是英国政府恩威并施、一箭双雕的算计和用心。

乾隆误以为此次来华的英国人与历史上的朝贡使臣一样，外国人是蛮夷和藩臣，是来三跪九叩宗主的贡使，其所携带来的东西不是礼物，而是贡物。正因为如此，乾隆极为上心，命粤、闽、浙等沿海各省稳妥、迅速护送马戛尔尼使团进京。又因乾隆寿诞庆典定在热河，所以贡使到达后，被带往热河，与蒙古王公及缅甸贡使等一起宴饮观剧，并被允许在圆明园、万寿山等处瞻仰、游览。

庆典结束后，马戛尔尼等人选择住在乾隆帝指定的位于北京城里的居所，他们感慨“（房屋）不但清洁完好……而且华美异常。有厅室十一处之多，陈设既佳且多空气，居之颇合卫生也”。至于饮食，马戛尔尼则赞叹道：“饭菜丰盛鲜美，我一辈子也没尝到过这么美味的食物……简直不可思议。”

英国人的礼物既然被视为贡物，所以其安置过程极为周密。负责接待的官员原本打算将这些祝寿礼品由天津经通州悉数送往热河，但因有些礼品高大、精密，安装需一个月之久，且易因路途颠簸受损，乾隆又特旨将天体运行仪、钟表、天体仪、地球仪、气象仪、透光镜、一对玻璃镶金彩灯、铜炮和西瓜炮等贡品就近安置于圆明园

《万国来朝图》（局部）

《万国来朝图》由乾隆年间宫廷画家绘制，描绘了元旦期间，周边邻国及西方各国使臣前来向清朝皇帝朝贺的景象，展示了清代宫廷建筑的宏伟壮观以及天朝大国的盛世气派。

中。清朝皇帝谕旨和臣子奏折中经常厉斥西洋的“奇技淫巧”，此时，这些东西却被视为奇珍异宝。

与大量西方传教士有过接触，并收藏有丰富的西方艺术品和兵器的乾隆帝有着极高的政治敏感。在英国使团到达澳门后，他便谕令沿海各地官员，在贡船到来时，要多带精兵良将列营站队，通过“旗帜鲜明、甲仗精粹”的阵势来显示国威，同时要不动声色，对使团密加查察防范。

其实在马戛尔尼使团来华前夕，清朝已经注意到英国对印度、孟加拉国等地的殖民，而成长于康熙年间的乾隆帝，并不缺乏对西方世界的基本认知。乾隆帝不但极为重视来访的马戛尔尼使团，要求臣属接待时“符合体制”，同时也对急速扩张的英国有所防范。

事与愿违的献礼

尽管双方的准备都算尽心，但是两个文化特质迥异的大国初次交往，矛盾依旧难免。与马戛尔尼见面之前，乾隆传谕，“到天朝进贡观光者”，要行“三跪九叩首之礼”。因为乾隆帝自称十全老人，在他心目中，英国再强，也难与天朝媲美。同时，清朝体制的运行规则，首先就是要维护皇帝本人至高无上的权威。

那么，马戛尔尼下跪了没有？清朝与英国使团没谈拢，究竟是不是因为礼仪问题呢？

在过去数十年间，礼仪之争都被史学界视为马戛尔尼使命失败的原因。远来的马戛尔尼因为拒绝向乾隆帝下跪，导致外交失败，被迫回国。

乾隆帝接见英国使团

十二岁的托马斯•斯当东是马戛尔尼使团副使乔治•斯当东的儿子，所以小小年纪便得以随使团访华。来华途中，他跟随使团中雇佣的华人翻译学习中文，进步很快。当乾隆帝得知使团中年纪最小的托马斯•斯当东会讲中文时，十分高兴，便赐给他一只随身佩带的黄色荷包，托马斯•斯当东当场用中文感谢了乾隆帝。

“中国风”

明朝末年，许多西方传教士在前来中国传教的同时，也把中国的文化、经典带到欧洲，引发了全欧洲的“中国热”。在当时欧洲人的想象中，中国是个和平、文明、和谐的理想国度，简直可以作为欧洲国家的改革范本。从明朝末年到清乾隆时期，欧洲各国都非常流行中国的瓷器、刺绣、园林等元素。在18世纪中叶盛行于欧洲的洛可可风格艺术中，中国元素就是非常重要的组成部分。这种风潮，在艺术史中有个专有名词——Chinoiserie，即“中国风”。

清乾隆年间彩色玻璃带座撇口瓶

乾隆帝这种高高在上、不可一世的态度，最终破坏了可以开放贸易市场的大好机会，清朝也丧失了最后一次赶上世界潮流的历史机遇。

不过，事实可能并非如此。近年来的研究发现，当年马戛尔尼使团在热河正式觐见乾隆帝时，马戛尔尼确实行过双膝跪拜礼。只是他回到英国以后，迫于舆论环境的压力，才一直不予承认。说得更直白些，清朝与马戛尔尼使团并没有在礼仪问题上产生过极端矛盾，也没有因此影响后续的谈判。

但马戛尔尼来到京师之后，乾隆帝还是很快下达了逐客令，并拒绝了马戛尔尼提出的一系列外交请求。这又是为什么呢?

这要说到英国使团离开之后，清朝的两项政策：一是积极部署海防，准备应对英国可能的侵犯；二是命令海关，不得提高税率，以免为英国的侵犯提供口实。

由此可见，英国派遣如此庞大的使团来华，又携带数量庞大的精密仪器和先进武器装备，已经引起了清朝的警觉。年过八旬的乾隆帝，政治嗅觉敏锐，他意识到了英国的威胁，也进行了防范，但他不想锐意改革，维新变法。

从英国方面来说，数十年后真正策动对华战争的，其实是那些一直想取代东印度公司的英国散商，并非马戛尔尼所代表的东印度公司。马戛尔尼使团在历史上的地位虽重，但它并不具备改变历史走向的能力，更不可能在清朝与英国的外交活动中激发骤变。

值得反思的倒是四十年后的历史。随着英国国力的日渐增强，嘉庆二十一年（1816年），当英国的第二个使团——阿美士德使团再次来华时，他们已经强硬到即使放弃外交，也绝不行礼下跪的程度。到了道光十二年（1832年），当林赛与郭实猎带着东印度公司的武装商船“阿美士德勋爵号”冲击清朝沿海诸港时，他们已经敢于和清军武装对峙了。

而中国在四十多年后，以林则徐为代表的经世名臣对世界的认知反较康熙、乾隆时期大大退化，事到临头才开始翻译外文资料，企图开眼看世界，结果只能是临时抱佛脚。鸦片战争的惨败，中国近代百年的屈辱，源头不在乾隆帝对马戛尔尼的拒绝，而在清朝的灵魂深处。（李骛哲）

清乾隆年间剔红御制题诗三清茶碗

尔国船只到彼，该处文武必不肯令其停留，定当立时驱逐出洋，未免尔国夷商徒劳往返，勿谓言之不豫也。

——《清实录》

广州十三行

“洋船争出是官商，十字门开向二洋。五丝八丝广缎好，银钱堆满十三行。”广州十三行是清朝指定的专营对外贸易的垄断机构，在“一口通商”时期，广州十三行的发展达到了巅峰，成为“天子南库”。十三行商人从垄断外贸特权中崛起，经济实力显赫，成为近代以前中国最富有的商人群体。

广州的崛起

很多历史书里都说，晚清中国奉行“闭关锁国”的孤立主义政策，导致中国在近代历史上被西方超越，最终沦为西方列强侵略的对象。“闭关锁国”四个字，几乎成为人们对晚清中国涉外政策的标签化认知。

然而事实上，“闭关锁国”并非明清两代统治者一贯奉行的国策。

明代东南沿海地区的对外贸易，一度非常活跃。在明初与明中后期，朝廷一度推行禁止私人出洋的“海禁”政策，但正所谓“上有政策，下有对策”，严厉的禁令却刺激了走私贸易的畸形繁荣，正因如此，“海禁”在明代持续的时间并不长，禁令解除之后，贸易繁荣如故。

这种开明的外贸政策在清朝入主中原的最初几年仍在维持。直到顺治帝统治的中后期，忠于明朝的郑成功攻克闽南沿海地区，给清朝造成极大压力。为了切断郑成功从内地获得给养资助的渠道，顺治十三年（1656年），清朝重新颁布“禁海令”，严禁商、民船只出海，同时“不许片帆入口”，即禁止外国商船来华贸易。

广州十三行全景

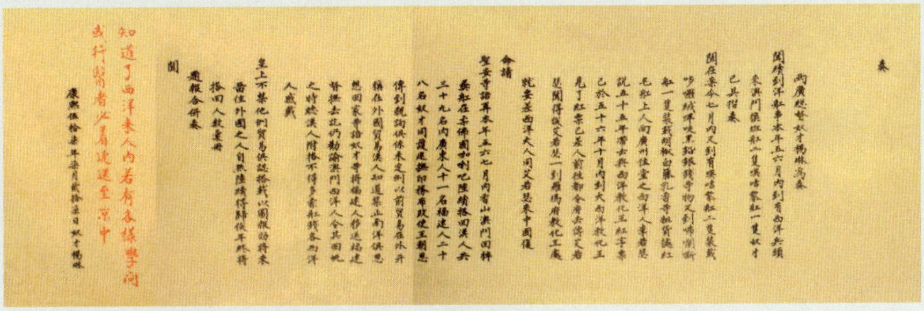

康熙五十七年两广总督杨琳关于十三行的奏折

这条禁令维持了二十八年。康熙二十三年（1684年），台湾郑氏政权已被平定，清朝重新开放海禁，并于次年开放对外贸易。但清朝重开海禁，并非完全采取自由放任的政策，而是在广州、松江、宁波、泉州分别设立粤海关、江海关、浙海关、闽海关，严格控制对外贸易的规模和货物种类，同时征收关税（当时称“海税”，以区别陆上贸易所征收的“旱税”）。其中粤海关的地位最为重要，设立监督一职专管，由满人担任，其余三关则由地方官监管。

乾隆二十二年（1757年），乾隆帝下令对西洋、南洋诸国关闭江、浙、闽三处海关，只保留粤海关。从那以后，除了中俄恰克图贸易之外，广州成了清朝与西方世界进行贸易的唯一通道，粤海关由此取得了外贸的垄断地位。

“银钱堆满十三行”

垄断的措施之一，是特许国内指定的商人与外国人贸易，这就是行商制度。而要获得行商的资格，就需要人脉和贿赂。行商制度大大减少了清人与外国人的接触。限制外国商人的办法则是不允许他们携女眷进入广州，且交易结束后，他们必须退回澳门居住，这是从另一头限制外国人与清人接触。行商与外商交易的地点，设在了广州西南城外、面朝珠江的一块地方，这里被称为“十三行”。清朝之所以选择这里，就是为了最大限度地隔绝外商与民众的接触。

十三行行商的垄断还在延伸，不但外国进口的货物，要全都由行商转销内地，内地向国外出口的商品，也都要行商经手。甚至进出口货物的定价，也都由行商操纵。行商能够大发横财，奥秘正在于此。

十三行之一的同文行潘氏，鼎盛时家产据说超过2000万银元。在外商眼中，他的家宅富丽堂皇到堪与古罗马庞贝城的宫殿媲美。十三行中另一家商行的老板伍秉鉴，资产总额高达2600万两白银，这个数字相当于当时清朝国库年收入的一半，真正堪称“富可敌国”。2001年美国《华尔街日报》统计上一个千年中全世界最富有的五十人，伍秉鉴的名字赫然在列。

清代一首竹枝词写道：

洋船争出是官商，十字门开向二洋；

五丝八丝广缎好，银钱堆满十三行。

这种下里巴人的小调，或许没法写出行商们的豪奢，却足以反映出十三行全盛时期日进斗金的豪气。

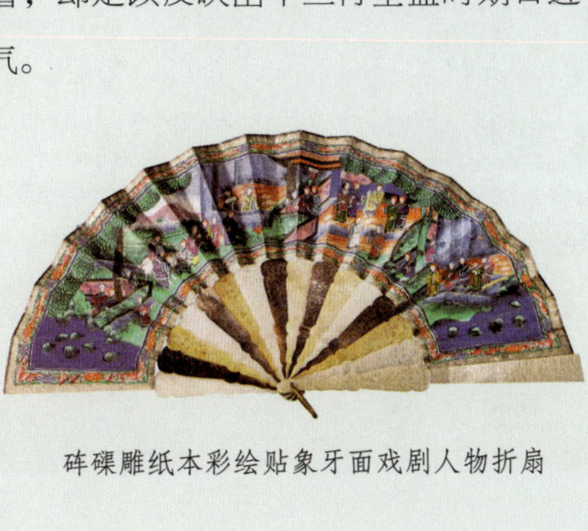

砗磲雕纸本彩绘贴象牙面戏剧人物折扇

行商不是这一制度的唯一受益人。十三行的顶头上司是粤海关监督。经过后者之手，十三行上缴的税银，在乾隆二十二年以后的近百年间，独自承担了清朝全部关税收入的40%。据清宫档案记载，这些税银的3%归广东省所有，3%留给粤海关自用，70%解交户部，剩下的24%划归内务府——也就是皇帝自己的小金库。当时人称十三行为“金山珠海”“天子南库”，可见这种制度设计的最大获益者正是皇帝自己。

伍秉鉴画像

伍秉鉴是嘉庆、道光年间广州十三行之一的怡和行行主，他被认为是当时世界上最富有的人。根据估算，他的财富几乎是当时美国首富的四倍。鸦片战争时期，伍秉鉴和其他行商积极募捐，出资修建战船、堡垒。战争失败后，伍秉鉴独自承担了《南京条约》中三百万两白银赔款中的三分之一。此后，随着《南京条约》的签订，广州十三行商人失去了对外贸易的垄断权，伍秉鉴也在不久后去世。

富贵成空

十三行的暴利，来自清朝设置的专营制度。行商们因此受益，也为此付出了沉重的代价。

十三行的商人受朝廷委托进行贸易，每年为皇家供奉洋货，他们虽不是官员，却带有半官方的性质。但是，传统中国“士农工商”的社会贵贱序列中，商人处于最底层。行商也不例外，他们在忍受上级官员盘剥的同时，还要忍受社会的鄙夷与歧视。行商的商人属性与服务皇家的体制内身份，形成了尖锐的矛盾。

更严重的问题是，清朝以“天朝上国”自居，而将域外视为“四夷”，拒绝与西方国家建立平等的外交关系。清朝自我封闭，又不能消除中外交流的客观需要，结果便只能让从事对外贸易的十三行商人额外承担政府的外交职能。

来到广州的外国商人无权和官府直接交往，如果有启禀，均须行商代递。天朝大吏向“夷商”发号施令，也由行商转达。不仅如此，清朝还规定，凡是来华贸易的外商必须由一位十三行商人作保。如果外商惹出麻烦，责任便由担保的行商来承担，轻则缴纳巨额罚款，重则下狱问罪、挨板子、抄家、充军流放。

（伍秉鉴之子）崇曜素承先志，公家有急，必攘臂争先。

——《南海县续志》

这样一来，十三行就被推到了清朝外交冲突的风口浪尖之上。道光十四年（1834年），英国首任商务监督律劳卑抵达广州。作为英国政府任命的官员，律劳卑拒绝按照清朝设定的朝贡贸易模式行事，要求以平等身份向两广总督递交英国外交大臣的信函，由此还引发了一场小规模的武装冲突。

乱局最终被平定下来，清朝将律劳卑礼送出境，而为律劳卑所乘舰船作保的兴泰行则大受牵连，不久便倒闭了。清朝官员陶醉于对律劳卑的胜利，却没有意识到，他们面对的是已经完成第一次工业革命而在全球推行自由贸易的“日不落帝国”，整个世界将无可避免地被纳入资本主义市场之中。律劳卑的失败，也让早已对清朝一口通商政策及行商垄断制度深恶痛绝的英国人认识到，改变清朝的朝贡贸易体制，使之接受国际外交准则，与打开中国的贸易市场一样刻不容缓。

最终，英国商人用罪恶的鸦片贸易扭转对华贸易逆差，并由此引发了第一次鸦片战争。清朝战败，被迫签订《南京条约》，除了广州之外，又开放了其他四个通商口岸，允许英国人在通商口岸自由贸易。五口通商瓦解了为十三行带来滚滚财源的行商垄断制度，自此以后，十三行迅速衰落。

十三行瓷器店和茶叶店复原图

广州十三行

十三行历史上曾多次发生火灾。道光二年（1822年），十三行聚集的广州西关发生火灾，大火烧了七天七夜，烧毁了价值四千万两的白银和货物。烧化的洋银在水沟里流淌，大火熄灭之后，结成一条的“银龙”长达一二里，牢不可破。

咸丰六年（1856年），十三行再次发生大火灾，一段持续近两百年的商业传奇从此彻底化为云烟。（李鹜哲）

大三巴牌坊与圣保禄教堂

大三巴牌坊是澳门最早、最大的天主教堂——圣保禄教堂正面前壁的遗址，已成为澳门地标性历史文化遗产。那么，“圣保禄教堂”和“大三巴牌坊”这两个名称是怎么得来的呢？其中又蕴含着什么故事呢？

圣保禄教堂

在中国澳门特别行政区大三巴街附近，人们登上宽8.1米、共68级的花岗岩石砌台阶，就会来到一面花岗岩墙壁前。这面石壁高约25.5米，宽约23米，上面雕刻着各种精美图案，非常壮丽。它原本是澳门最早、最大的一座天主教教堂——圣保禄教堂的前壁，已经历数百年的沧桑。

澳门的这座地标性历史文化遗产，正式名称为圣保禄教堂遗址。现在人们习惯称它为“大三巴牌坊”，这个名字是怎么得来的呢？众所周知，“牌坊”在中国古代是独立于大型的寺庙、宫观、墓园等主体建筑前面的一座门墙建筑，后来成为表彰纪念个人功德的一种同型建筑的名称。为什么西方天主教堂的前壁，会被赋予“牌坊”之名呢？

圣保禄教堂其实是“圣保禄学院天主之母教堂”的简称，因为它本是附

大三巴牌坊

属于耶稣会圣保禄修院或学院的教堂。虽然这个学院和教堂在明万历二十二年（1594年）左右，已经开始用土木简易建成和使用，但属于未获得明朝官方认可的非法建筑，时常有被中国官民拆除焚毁的危险，这应该也是它在早期被大火完全烧毁的原因。

直至万历中期，明朝对澳门半岛的管治制度、政策和军政机构都已经基本建立，葡萄牙人及西洋传教士在澳门半岛的居住才由非法转为合法。在这种情况下，耶稣会向赴日本贸易的澳葡商人筹集了巨款，于万历中期开始，为这个当时远东最雄伟壮观的教堂奠基。整个教堂的建筑工程主要由躲避日本禁教迫害、偷偷潜逃到澳门的日本天主教徒和澳门的华人工匠共同承担，历时33年，至崇祯年间才建成。

“大三巴”名称的由来

这座教堂的葡萄牙语名称为São Paulo，准确音译为“圣保罗”，但澳门耶稣会传教士还是将它音译为“圣保禄”，为的是迎合中国人图吉利的习俗。而中国官方编纂的地方志如《澳门记略》等，坚持将其音译为“三巴”，不用天主教徒自译的“圣保禄”，首要原因就是不承认它是神圣的建筑物。至于称

火灾发生前的圣保禄学院及教堂

图中可见学院及教堂包括钟楼在内的大部分建筑物。

"寺"而不称"教堂"，则是坚持沿用利玛窦等西洋传教士入华之初刻意模仿佛教名物的结果。

"圣保禄教堂（三巴寺）"后来以"大三巴（寺）"著称，原因是耶稣会在澳门又建了一间较为小型的圣保禄修院和教堂，华人将它们分别称为"大三巴"和"小三巴"。虽然"小三巴"修院在改建后改名为圣若瑟修院，而且改建的附属教堂也改名为圣若瑟教堂，但是"大三巴寺"与"小三巴寺"之名依然保存了下来。

本来耶稣会的产生及其传教事业的发展，一直得到罗马教廷及葡萄牙、西班牙和法国等世俗政权的支持。但在18世纪后期，它与葡萄牙、西班牙和法国等国官方发生了严重的矛盾冲突。1759年，葡萄牙率先禁止耶稣会，耶稣会的财产包括教堂、学校和其他布道场所都被没收。其后，法国和西班牙也对耶稣会采取了同类措施。而澳葡当局则于乾隆二十七年（1762年）执行葡萄牙政策，将澳门的耶稣会士全部逮捕或驱逐出澳门，有关的修道院和教堂都被关闭没收，后来移交其他教会或政府机构使用。

道光十五年（1835年），已经变成兵营的圣保禄学院和教堂，被一场大火烧掉了所有木结构的房屋，只剩下今天所见的教堂石砌前壁，以及两旁很少的颓垣。而前壁之所以被华人称为"大三巴牌坊"，是因为它的外形酷似中国牌坊。

大三巴牌坊局部

历史价值

虽然教皇庇护七世在1814年批准恢复耶稣会，但直到1857年耶稣会才重返澳门，接管圣若瑟修院和教堂。不过，圣保禄学院和教堂并没有重建，仍为一片废墟、颓垣残壁和“牌坊”。

在澳门回归祖国之前的过渡时期，澳葡政府才开始运用现代技术对圣保禄学院和教堂的遗址文物，特别是对“大三巴牌坊”进行了有效的维修保护。

1999年12月20日澳门回归祖国后，澳门的中西历史文化遗产继续得到保护。2005年，由“大三巴牌坊”“妈阁庙”等组成的“澳门历史城区”25个文物景点，被联合国教科文组织列入世界文化遗产名录。

“大三巴牌坊”是当时欧洲新兴的巴洛克风格建筑的代表作，建筑整体气势宏大、庄严雄伟，而且整齐有序，装饰线条错综复杂，精雕细刻。与此同时，在建筑技术和雕刻艺术方面，“大三巴牌坊”毫无疑问是融合东西方元素的稀有宗教历史珍品。比如，常在中国官私大型建筑的大门口两边设立的镇门瑞兽——石狮子雕像，被创造性地放置于牌坊的第三、第四层两边的石柱旁。又如，在大三巴牌坊的周身，刻有东方美学中的牡丹和菊花意象，这些都是一般西式教堂所不具备的东方元素。大三巴牌坊作为稀有的世界历史文化遗产，值得保护和研究。（王晓冉 谭学超）

咸丰四年（1854年）圣保禄教堂立面景观

林则徐开眼看世界

作为钦差大臣前往广州禁烟的林则徐，为了开眼看世界，费尽周折组织了一个翻译班底。可是要物色到出色的译员并不容易。十三行的商人外语水平高，但政治立场和人品不一定可靠，其他可以担任翻译的人水平又有限。但林则徐以他非凡的勇气与担当，不畏保守派的舆论压力，通过翻译艰难地探索新知，打开了清朝主动了解西方的窗口。

林则徐画像

林则徐的禁烟立场

林则徐是清朝道光时期的重要官员，曾任湖广总督、云贵总督、两广总督等职。道光十八年（1838年）底，因主张严禁鸦片，林则徐被任命为钦差大臣，前往广东禁烟。

19世纪上半叶，大量西方商人驻扎在广州和澳门，通过清朝设置的“十三行”，从事对华贸易。由于中国的茶叶、瓷器和棉布在西方销量极好，而英国商品在中国滞销，引起巨额贸易逆差，英国便通过东印度公司逐年向中国增加走私鸦片的数量，来弥补贸易损失。

此举打破了原有的中英贸易模式，致使中国白银严重外流，引发清朝财政危机。以林则徐、黄爵滋为代表的一批大臣认识到问题的严重性，力主禁烟。林则徐上奏折说，鸦片流毒甚广，危害太大，如果不加以重视，那么数十年之后，国家便会连御敌的军队和饷银都没有了。

那时世界各国对毒品的认知都相当有限，清朝也不在意普通百姓的健康状况，林则徐的禁烟立场主要是出于财政和国防上的考虑。作为一位卓越的官僚，林则徐洞悉了国家在未来数十年间可能遭遇的危机，不过与此同时，他对当时西方国家的实际情况并不完全了解。

对世界的认识

19世纪30年代的中国并没有想象中的闭塞，也不缺乏了解西方的人才。在广州、上海等地的市场上，人们很容易买到产自英国的棉纱或毛呢。“十三行”的行商或其他地方的商人能说英语、荷兰语或阿拉伯语的也并不罕见。中国商人在澳门设宴请客，也会使用刀叉享用西餐。1907年，新教传教士马礼逊来到中国之前，曾在伦敦学习中文，他的老师也是一位中国人。

但由于清朝盲目排外，官僚们不屑于了解来自民间的西方知识，自乾隆朝以后，官员们便极少了解海外的状况，以至于连西方诸国大略的名字和地理位置都不清楚。更可悲的是，普通官员即使对海外的情况有所了解，也不敢据实上报。

为了开辟广州以外的贸易通道，道光十二年，东印度公司的武装商船“阿美士德勋爵号”陆续侵犯厦门、福州、宁波、上海等地。当地负责驱逐英方人员的陈化成、林则徐、关天培等官员，无一例外都未敢将自己所见的实情上报北京。关天培更是登上过英方的船只，近距离观察过“阿美士德勋爵号”的精良装备及其开炮的过程，但直到林则徐前往广州禁烟之前，清朝官员对西方的了解仍旧非常有限。

林则徐的四位翻译

道光十八年十一月十五，道光帝命林则徐前往广东禁烟。身为能臣干吏，林则徐一到广东就

海纳百川，有容乃大；壁立千仞，无欲则刚。

——［清］林则徐

林则徐纪念馆中翻译外国书报场景复原

注意到官员对西方世界缺乏了解。他迅速组建起一个由四位翻译组成的翻译班子，负责翻译他在广州、澳门等地搜集到的英文报纸和百科全书等资料。此举可谓石破天惊，林则徐也因此被后世誉为“开眼看世界第一人”。闻名于世的《四洲志》，就是林则徐主持编译的一部世界历史、地理著作。

翻译在当时地位很低，他们在正史中并没有留下名字。通过一些西方传教士的记录，我们知道这四位翻译的名字为袁德辉、梁进德、阿曼和阿伦，后两位留下的显然不是大名。阿曼是混血华侨，他的母亲是孟加拉国原住民，他曾在英国传教士开设的布道站中接受过大约十年的教育，但英文程度较低，一直生活在社会底层。阿伦是广东人，曾搭乘商船游历过阿姆斯特丹，在美国生活过数年，并在当地接受过一段时间的教育。袁德辉是四川人，曾学习过三年拉丁语，并且帮助新教传教士翻译过书籍，但从他的翻译作品可知，其英文水平远不及拉丁文。

林则徐最重要的翻译应该是梁进德，他的英文水平很可能是四人中最高的，他与广州的西方人关系也最为密切。他是一位新教牧师的儿子，长期跟随活跃在广州的美国传教士学习语言和宗教知识，并尝试独立翻译过整部《新约》。

为什么林则徐没有聘请教育程度更高的“十三行”商人充当翻译呢？因为行商和西方人的经济联系过于密切，林则徐显然担心他们更看重的是个人利益，或者说，林则徐信不过他们的政治立场和人品。

林则徐的四位翻译在知识、能力和技巧上很不成熟。以他们翻译的较为著名的《澳门新闻纸》为例，译文中频繁出现“不认识”“不晓得”之类的批注，说明他们时常看不懂内容。他们曾将“$6.94”翻译为“银六员至九员、四员不等”，他们甚至不知道西方星期一到星期日的名称，以至于在翻译中接连出错，译文中“删减增添、扭曲模糊”的现象俯拾即是。

近年来的研究发现，梁进德负责的译文质量较高，其文字比阿曼、袁德辉等人的翻译要通顺得多，但他的译文采取中国为主、为尊的语气，比如将英方递交文书译为“禀”，中方供应牛羊牲口给英方为“赐”，又如“英方‘恳求’中方十日内答复”，而中方的答复则变成了“批回”。这些经过尊卑修饰的译文，并未反映出原文的内容，反倒让读者感到奇怪：船坚炮利的英军，在中国沿海所向无敌，如入无人之境，为何还要向清朝有所“恳求”，并接受中国官员的“赏赐”和指示？

林则徐接受的西方知识

一边是准确程度较低的翻译，一边是经过有意修饰的译文，林则徐想要通过阅读这些资料来了解西方的状况是非常困难的。

但林则徐不愧是精明的经世名臣，检索其主持编译的《四洲志》可以发现，在广州仅仅一年有余，他便大略了解到西方各国的政治体制和地理情况，甚至熟知了其中一些内容。他能够罗列出各国的历史沿革、常备军的大概数量和内政外交的现状。他不畏朝野闭关保守的舆论压力，敢于将自己了解的西方知识公之于众，更体现出他的担当和远见。

林则徐的历史局限性同样也很突出——这也是当时清朝大部分官员的通病，这些局限性使他们形成了对外认识的错误“常识”。比如，林则徐深信，茶叶是西方人维系生命的必需品，只要切断对外贸易，使西方人买不到茶叶，他们便会因为无法生存而屈服投降。在双方激战正酣之际，林则徐给道光帝上奏折，称清军很容易就能够在陆地上战胜英军。在英军已经陈兵中国沿海之时，林则徐仍做出英国不可能大规模侵略中国的战略误判。

作为近代中国“开眼看世界第一人”，林则徐对世界的认识无疑超过了他大多数的同僚，这实属难能可贵。作为中国近代历史上的第一个华人翻译团队，林则徐的翻译班子打开了清朝主动了解西方世界的窗口，但限于翻译水平、官场风气、中西交往形势和士大夫阶层固执的观念，林则徐仍然很难窥探到世界发展的大势。（李骛哲）

赴戍登程口占示家人二首

［清］林则徐

出门一笑莫心哀，浩荡襟怀到处开。
时事难从无过立，达官非自有生来。
风涛回首空三岛，尘壤从头数九垓。
休信儿童轻薄语，嗤他赵老送灯台。

力微任重久神疲，再竭衰庸定不支。
苟利国家生死以，岂因祸福避趋之？
谪居正是君恩厚，养拙刚于戍卒宜。
戏与山妻谈故事，试吟断送老头皮。

［清］郎世宁《羊城夜市图》

来自意大利的郎世宁，是清代最著名的宫廷画家之一。在华的数十年间，郎世宁将西方与中国的绘画技法相融合，绘制了大量艺术精品，颇受清朝皇室青睐。这幅《羊城夜市图》描绘的是郎世宁从遥远的欧洲初来中国时，广州这座城市给他留下的美好印象。

清代晚期铠甲

千年变局

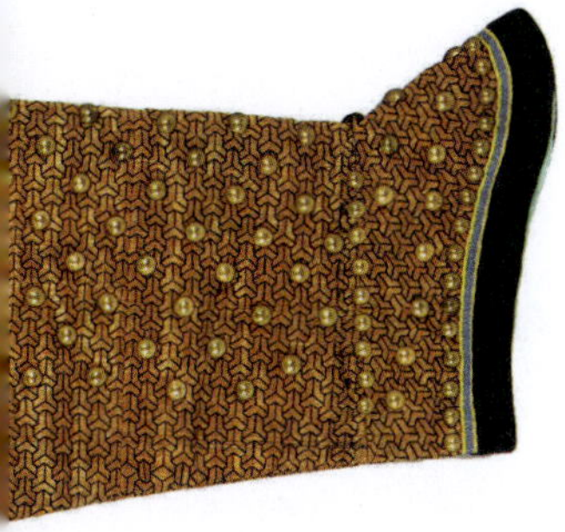

《千年变局》主要讲述了清朝后期（1840—1911）的故事。

第一次鸦片战争将清廷拖入割地赔款的深渊。第二次鸦片战争，清朝的失败更为惨重：京师被攻陷，皇帝出逃，“万园之园”圆明园被付之一炬。清廷被迫支付更多的赔款，开放更多的通商口岸，允许更多的洋牧师进入内地传教。古老的中国遭遇“三千年未有之变局”。

轰轰烈烈的太平天国起义，显示了底层民众的顽强抗争。内忧外患的清政府也不得不寻求自强之路。因镇压太平军而成为“中兴名臣”的曾国藩推动了第一批中国幼童留学美国，李鸿章、张之洞等晚清重臣则直接投身于洋务运动，希望以欧美先进的实用技术来维护中国的王朝体制。

甲午战争的惨败宣告了洋务运动的破产，也促使国人思考体制变革。康有为、梁启超、谭嗣同等人的“戊戌变法”得到光绪皇帝的支持，但这场“改良”仅存百日就惨烈收场。帝国主义列强瓜分中国的野心越来越大，八国联军侵华和《辛丑条约》的签订，使中国沉沦于民族危亡的谷底。中国未来的出路，只能是一场深刻的社会革命。

鸦片战争

如果说爆发于道光二十年（1840年）的鸦片战争是中国近代史的开端，那么这场战争的前奏至少可以追溯到十年前。鸦片战争以前，清朝一向以天朝上国自居，但在鸦片战争中却被英国打得落花流水，最后被迫签订了中国近代史上第一个不平等条约——中英《南京条约》。

蓄谋已久

在广州持续发酵的中英矛盾起源于贸易，并因英国商人不断膨胀的欲望而被恶性放大。与此同时，一向傲慢自大、墨守成规的清政府，却没有感受到逐渐临近的危险。

道光十一年，当广东巡抚朱桂桢开始拆除英商在“十三行”内违章修缮的围墙、码头和大门时，他不会料到此举将引来英方抗议的军舰。当两广总督李鸿宾再次无视英方的抗议之后，英国东印度公司驻华特选委员会主席马治平决定强硬对抗，他派遣“阿美士德勋爵号”武装商船，连闯厦门、福州、宁波、上海四地，一面调查各地的贸易潜力，一面窥视清朝的沿海军备。

“阿美士德勋爵号”在大半年的时间里，一路大摇大摆冲击沿海城镇，清朝派驻各地的大员，却纷纷摆出掩耳盗铃的姿态。他们一面用谎报欺瞒道光皇帝，掩盖英船闯入内河、英国人冲撞府衙的恶性事件，一面又佯装不知英方的强大武力。

在华英国人轻松探得清军武力虚实后，撰写报告传回英国，顿时引发了极大反响。清朝的孱弱形象暴露无遗，英国对华态度迅速转向强硬。英国商人紧锣密鼓地展开了游说政府对华开战的活动，甚至就中英关系发表意见，探讨对华用兵的可行性和具体方案。之后，英国政府和英方人员的对华态度逐渐倾向于支持战争。到清政府实行禁烟之前，英国发动对华战争的基本条件已经成熟。恰在此时，钦差大臣林则徐来到了广东。

清政府禁烟

道光十八年底，林则徐奉命“前往广东查办海口事件”，实质就是查禁鸦片。身为钦差大臣，

罂粟蒴果

与鸦片贸易相比，我们在非洲的奴隶贸易应该说是非常仁慈的。因为我们贩运黑奴是为了卖，这要求我们保护奴隶的生命，可是鸦片彻底败坏了中国人的精神和肉体。

——［英］蒙哥马利·马丁

鸦片

鸦片又称“阿片”，俗称“大烟”“鸦片烟”等。鸦片分为生鸦片和熟鸦片。罂粟未成熟的蒴果被割伤果皮后，会渗出乳白色汁液，生鸦片可从凝固后的乳液中提取。生鸦片经过处理后，成为可供吸食的熟鸦片。清朝末年，英国从殖民地印度大量运输鸦片来华，使许多中国人吸食上瘾，危害日益严重。

关天培画像

广东水师提督关天培全力支持林则徐实行禁烟政策，为虎门销烟立下汗马功劳。损失惨重的英国人恼羞成怒，开始采取武力报复，发动了数次进攻，都被关天培率水师击败。1841年2月，英军进攻虎门，关天培率孤军奋战，英勇战死。

他可以节制广东的所有文武官员，权重一时。

清政府禁行鸦片买卖最早可以追溯到雍正七年（1729年），在此之后虽屡有御旨重申此事，可惜只是禁止吸食鸦片，并未禁止鸦片进口，最终，禁令成了一纸空文。说到底，当时禁烟并不是朝廷最关心的头等大事。道光年间，西北的边患、漕运及盐税才是朝廷长期关注的施政重点。在道光十六年大臣黄爵滋上奏禁烟之议，引发朝中激烈争论之前，道光帝的用兵方向主要在新疆，朝廷最重要的改革则聚焦于漕运和盐政，且均有一定成效。

至于禁烟，皇帝和官员们只看到鸦片之害在于财政和国防，却轻视了鸦片走私背后的国家支持——英国这个极其可怕的威胁。

轻视问题的来源，造成了被动的局面。林则徐来到广东，他的施政重心在于禁烟，却把随时可能举兵来犯的“英夷”仅仅视为海盗。从结果来看，林则徐和广东水师提督关天培组织的虎门防线，实际上只能应付西方武装商船的骚扰和挑衅，在面对哪怕只是一支全副武装的小型近代化舰队时，都会变得不堪一击。可惜此时林则徐仍缺少对西方世界的深切认知，作为钦差大臣，他一到广东就遵循历任两广封疆大吏的强硬手段，

鸦片战争爆发前的广州

操作抬枪的清军士兵

英国东印度公司设在印度的鸦片仓库

一面责令洋人呈缴鸦片，并保证永不夹带鸦片入境，一面强行中止中外贸易。他以为只要显示出清朝天威，便能迅速了结鸦片之害。

虎门销烟

林则徐的“雷霆手段”收效确实极快，不过一个月的时间，广州的英国商人就在驻华商务监督查理·义律的带领下，立下保证，交出20283箱鸦片。道光十九年春末夏初，林则徐在虎门销毁鸦片，历时23天，销毁鸦片273万余斤。随后，朝廷明定查禁鸦片章程，规定开鸦片烟馆者死罪，若有洋人携带鸦片入境售卖，为首者斩立决等，又再三明令西方商人写保证书，保证永不夹带鸦片。这些举措确实迅速遏制了鸦片在东南地区泛滥的局面。

然而，林则徐在广州的速战速决只是一种理想化的设计，他和道光帝都没有认清禁烟运动的复杂性，也没能估计到英方在清政府的高压之下诉诸武力的可能性。他们误以为，远在“七万里”之外的英国不可能派遣军队入侵中国，而侵入广东海域的零星英国战船也无法威胁中国海疆的安全。

查理·义律

英国人当然不愿意中止鸦片贸易，义律初期的妥协，仅仅是因为他手中没有足够的武力来应付林则徐的高压政策。所以，他一面以英国政府的名义，集中缴交鸦片，一面却拒绝林则徐写保证书的要求，并迅速向英国政府求援。

[清] 佚名《林则徐虎门销烟图》

自1839年夏末起，陆续有英方军舰到达广东沿海，英国驻华商务监督义律的对华态度也日趋强硬。到1840年4月，英国国会决议对华用兵。6月，英国侵华舰队陆续到达广东，英军（包括战船二十艘，士兵四千人）随即封锁了珠江入海口和广东海面。两军对峙之下，战火终于被点燃了。

清军与英军在海上激战

中英开战

英方在战争初期的主要策略是封锁沿岸港口。因广州防守严密，英军无隙可乘，只好沿江北上。侵犯厦门被击退后，侵略军攻占了宁波附近的定海（今浙江舟山）作为补给基地。8月，英舰相继抵达天津大沽口，侵略者向清政府递交照会，提出鸦片贸易合法化、赔款、割地等要求，并扬言清政府若不答应便诉诸武力，一时间京师震动。

清朝沿海各地却并没有做好迎接战争的准备，所以道光皇帝一面命直隶总督琦善接替林则徐担任两广总督，让他劝慰英国人南返，回广州重开谈判，一面又处分了采取强硬策略的林则徐等官员。

可惜英军南返之后，双方的谈判并不顺利。1840年年末至1841年1月，琦善和义律商定《穿鼻草约》，但是清朝皇帝无法接受协议中的割地、赔款条件，而英国方面则普遍认为拥有武力优势的义律要价太低。于是，英方撤掉了义律的全权特使职位，以璞鼎查取而代之。道光帝则换下琦善，派皇侄奕山、老将杨芳等人到广东主持战事。

杨芳是道光朝的名将，曾在新疆生擒发动叛乱的分裂势力张格尔，为清朝最终奠定新疆版图立下大功，但骁勇的将领并不能挽救腐败落后的

南京静海寺

曾有过辉煌历史的静海寺，却在鸦片战争时期蒙受了奇耻大辱，中国近代史上第一个不平等条约——《南京条约》就在此议约。1986年，南京市人民政府为保存这处历史遗迹，仿照明代庙宇风格，对饱受战乱摧残的静海寺进行修复。1990年，静海寺设立《南京条约》史料陈列馆，并于当年8月29日——《南京条约》的签订日正式开馆。

军队。英军得到后继增援，武力占据香港，随后攻破虎门炮台。接下来，英军又封锁了广州，获得巨额赔款后，才放弃了攻城计划。

1841年5月，盘踞在广州北郊四方炮台的英军闯入三元里，骚扰抢劫。当地群众奋起抗击，随后又在三元古庙集合，冒雨迎敌，与英军展开肉搏战。英军后撤到四方炮台，又被两万多民众包围。英军增援部队到达后，才解救了被围困的英军。惊恐万分的英军逼迫广州知府强行解散抗英队伍，民众这才散去。这就是著名的三元里抗英事件。

8月，英军再次北进，攻占厦门、鼓浪屿，直至宁波，两江总督裕谦兵败自尽。英军占据宁波长达数月之久，希望以此地为筹码，与清政府进行谈判。

《南京条约》签订

在厦门、定海、镇海和宁波等地兵败后，道光帝又任命另一位皇侄奕经为扬威将军，前往浙江调集兵勇以备反击。1842年，奕经决定水陆同时反击，试图一举收复宁波等地，但很快被英军击溃。3月，驻宁波英军乘势反击，清军大败。道光帝见浙东反攻又告失败，只得调盛京将军耆英赶赴江南，准备求和。

5月，英军放弃宁波，集中兵力北犯，不久便攻陷乍浦。6月，英军进攻吴淞，两江总督牛鉴临阵逃跑，江南提督陈化成战死，吴淞失守。随后，英军不战而占领上海。此后，英军相继溯长江而上。7月，英军调集万余人进攻镇江，与城内1500名清军展开巷战。英军战死约72人，清军则全军

覆没，副都统海龄自杀。英军就此切断京杭大运河，直逼南京。

8月，英舰进逼南京下关江面，随后英军陆军从燕子矶登陆，进抵南京城下，扬言攻城。江宁将军德珠布力主一战，但钦差大臣耆英、伊里布和两江总督牛鉴受形势所迫，选择求和。中英双方于是在南京城外的静海寺议和。8月底，在英军旗舰"康华丽号"上，耆英等人与英方代表璞鼎查签订了中国近代史上第一个不平等条约——中英《南京条约》，接受了英国提出的全部议和条款。

中英《南京条约》共13款，其中主要内容包括：

（1）割让香港岛；

（2）向英国赔偿鸦片烟价、商欠、军费共2100万银元；

（3）开放广州、福州、厦门、宁波、上海五处为通商口岸，允许英国人居住并设派领事；

（4）协定关税，英商应缴纳进出口货税、饷费，中国海关无权自主；

（5）废除公行制度，准许英商在华自由贸易等。

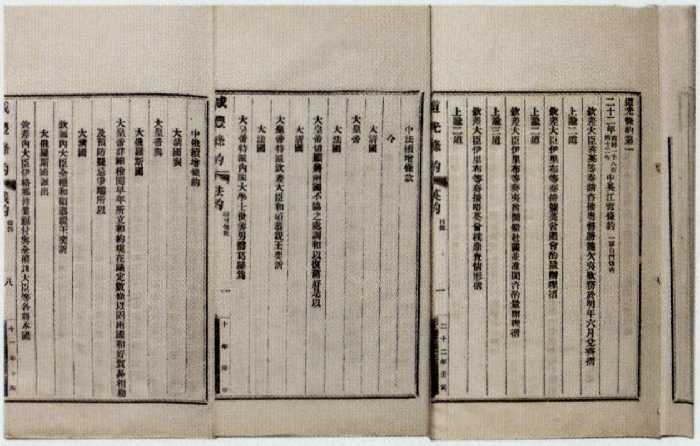

中英《南京条约》

此外，条约还规定了双方官吏平等往来、释放对方军民以及英国撤军等事宜。

1842年，在《南京条约》的基础上，英国又强迫清政府订立了《五口通商章程》和《五口通商附粘善后条款》（即《虎门条约》），获得了领事裁判权、片面最惠国待遇等特权。

此后，美、法等列强受到鼓舞，纷纷迫使清政府与其签订条约。1843年，中美签订《望厦条约》。几个月后，中法签订《黄埔条约》。此后比利时、瑞典等国家也胁迫清政府签订类似条约，中国的主权遭到进一步破坏。中国近代百余年的苦难历程就此开始。（李鹜哲）

中英《南京条约》签约场景

1842年8月29日，《南京条约》在英舰"康华丽号"上正式签署。英方绘制此图，再现了签约时的情形。

英国侵占香港

英国政府派驻中国的首任商务监督律劳卑在他死前的一封函件中，首次提议强占香港，并称“该岛完全适于所有的目的”。通过中英《南京条约》《北京条约》《展拓香港界址专条》，英国侵略者步步进逼，强行“租借”了一千多平方千米的香港。

“贫瘠之岛”

道光二十二年（1842年），当英国侵略者借着鸦片战争胜利的威势，从中国割走香港岛时，这座处于广州府边缘、珠江口一隅的小岛，被英国外相巴麦尊称为“贫瘠之岛”。即便在被迫承诺向英国割地赔款的两广总督琦善眼中，香港岛也不过是现今整个香港地区边缘的一块地方。

至迟到万历年间，中文史籍中就已经出现了“香港”一词，不过此时所谓的香港岛并非今天的香港，而是今日香港岛西南的香港仔和香港仔海峡附近一座名为鸭脷（lì）洲的小岛。至于今天的香港岛，至少到清代，它都被称为红香炉山。从乾隆四十五年（1780年）开始，英国人曾用“Heong Kong”“Hong Kong”“红坎山”“红江”“红坎”等名字称呼过这一区域的海岛。只是每次所指的区域，总有一些偏差，并不完全一致。换句话说，英国人所谓的香港，并不是一贯、准确的地名。而琦善，这位被后人指责割地赔款的“卖国贼”，可能直到他被革职查办之时，也没搞明白自己“割让”的香港究竟

停泊于南京城墙外下关江面上的“康华丽号”

巴麦尊画像

英国外相巴麦尊对发动战争、武力侵华，可谓不遗余力，正是他鼓动策划了两次鸦片战争。

包括哪些地方。

地理名称的模糊，反映出香港地区在明清两代地处偏僻海隅的位置。也正因如此，晚清的香港成为英商开展贸易和鸦片走私的“法外之地”，很受海盗和鸦片贩子欢迎。虽然如此，英国政府高层对香港并没有多少兴趣，挑起鸦片战争的巴麦尊，在战胜之余，其实倾向于将更大、更富庶的舟山作为英国贸易基地和海上军事基地。香港后来被选中，多少有些偶然。

抢占与割让

故事还要从1833年说起。这一年，在没有和中国政府提前沟通的情况下，英国单方面决定在广州派驻外交机构和人员，这促成了英国首任商务监督律劳卑的中国之行，并且大大加快了中英两国在鸦片战争前矛盾激化的速度。

1834年7月，律劳卑抵粤，随即递交函件，在清政府毫无准备的情况下，要求与两广总督进行直接交涉。因交涉未果，他于8月间致函英国政府，要求

律劳卑画像

第一任香港总督璞鼎查画像

对华采取强硬政策，谋求以武力解决中国问题，并召集兵船强行闯入珠江，与广州驻军长期对峙。但他错估了广州的形势，很快就在与两广总督卢坤的较量中败下阵来，并于当年10月因病去世。

律劳卑这位短命监督，在中英关系史上地位一般，见识更显浅薄。他所主导的外交，除了充斥着赤裸裸的西方霸权之外，既看不到基于中国庞大疆域的整体构思，也没有现实层面的腾挪手段。可正是他在死前的一封函件中，首次提议占领香港，并称“珠江入海口处的香港岛，该岛完全适于所有的目的”，“别让煮熟的鸭子飞了”！

1841年，当中英双方在珠江口酝酿《穿鼻草约》，试图以割地赔款的方式结束鸦片战争时，早年身为律劳卑下属的义律，再次想到了香港，他于当年1月底，公然派兵强占了该地。1842年8月底，清政府被迫与英国签订不平等的《南京条约》，正式割让香港岛给英国。从此，香港成为西方人进入中国的第一跳板，清政府一度试图建立的锁国铁幕从此门户洞开。

东方之珠

1949年，中华人民共和国成立。因西方世界对中国内地的隔绝，中国香港再次成为内地与世界联系的主要通道。也正是借助这一点，香港的经济才真正开始起飞，香港由此成为“东方之珠”。

1982年至1984年，中英两国就落实香港前途问题进行谈判，并于1984年12月19日签订《中华人民共和国政府和大不列颠及北爱尔兰联合王国政府关于香港问题的联合声明》，宣告1997年7月1日中华人民共和国对香港恢复行使主权。1997年7月1日，香港正式回归祖国，开启了新的发展历程。

英国强行“租借”香港

鸦片战争仅仅是中华民族近代百年屈辱历史的开端，随着西方人侵略步伐的加快，他们对“香港”的侵占范围也在不断扩大。1860年（咸丰十年）10月，中英签订不平等的《北京条约》，清政府割让九龙半岛界限街以南地区给英国。1898年（光绪二十四年）6月9日，英国强迫清政府签订《展拓香港界址专条》（俗称“新界租约”），强行租借九龙半岛界限街以北、深圳河以南的地区，以及200多座大小岛屿，租期99年，至1997年6月30日结束。通过这三个条约，英国共占据了包括香港岛、九龙和新界在内共计1100多平方千米的土地，也就是现在整个香港地区。

第二次世界大战期间，日军进犯香港，驻港英军无力抵抗，当时的香港总督杨慕琦无奈宣布投降，香港被日本占领三年零八个月。1945年9月15日，日本战败后在香港签署投降书，香港被英国重新管治。（李骛哲）

静海寺《南京条约》史料陈列馆警世钟

警世钟由南京学生和各界爱国人士捐资铸造，意在让世人牢记1842年在静海寺被迫议定的丧权辱国的中英《南京条约》。钟体正面是“警世钟”三个大字；钟两侧的铭文记述了从《南京条约》被迫签订到1997年香港回归祖国的沧桑历史；钟的背面则镌刻着“前事不忘”“后事之师”八个大字。

沈志亮刺杀澳门总督

鸦片战争之后，英国通过《南京条约》在华攫取大量利益，法国和美国也不甘落后，接连获得商贸优惠。新任澳门总督亚马留一看清政府软弱可欺，连忙趁火打劫。他因气焰太过嚣张，激发民愤，结果被乡民沈志亮刺杀。

趁火忙打劫

鸦片战争中，落后的清朝被欧洲新兴的殖民强国英国击败，被迫割地、赔款、开放五口通商等等。接着，美国、法国又趁机逼迫清政府签订同类条约，同样取得了五口通商等优惠待遇。

眼见英、美、法接连打开中国大门，获得商贸优惠，葡萄牙人眼中冒火。他们来中国最早，已经三百多年了，但通商、居住一直被限制在方寸之地，还得定期按照中国皇帝钦定的法规章程，向中国官员磕头缴租纳税。居澳葡萄牙人的议事会等机构除了接受中国治澳官员的管治之外，也只能管理纯属居澳葡萄牙人自己内部的事务，其余一切牵涉华洋之间的问题与案件，都必须交由中国治澳官员按照中国法规章程审处。和后来居上的英、法、美相比，葡萄牙人深感憋屈。

于是，澳门的葡萄牙官员奉葡萄牙女王玛丽亚二世之命，趁火打劫，向清朝政府提出扩展居澳葡萄牙人住地，并要求免除每年送缴香山县的户部地租银515两，减少征收船舶与货物的关税，允许葡萄牙分享五口通商等优惠待遇。这些要求遭到清朝官方的强烈反对，葡萄牙人只得暂时作罢。

葡萄牙女王玛丽亚二世画像　西班牙公使玛斯画像

嚣张的新总督

澳葡当局（澳门在葡萄牙人占据时期的管理机构）迟迟打不开局面，葡萄牙女王十分焦急。道光二十六年（1846年）春，原澳门总督被一脚踢开，女王委派的新任总督亚马留来到澳门走马上任。亚马留曾参与侵略巴西，战斗中被炮弹炸断左臂，被当地中国人鄙称为“跛手鬼”。他上任后，迅速开始实施将澳门从中国完全分离，纳入受葡萄牙管治的计划。

亚马留不但拒绝继续接受中国驻守澳门城区的官员管治，拒绝缴纳地租和关税，还捣毁了广东海关的澳门关部行台等机构，以及原本澳葡当局奉命在议事会内建立的明清政府管治澳门的一系列石刻法规章程碑等，造成澳门城区为葡萄牙独立占据的事实。

亚马留的侵略扩张以得寸进尺的方式，首先从澳门城区北边的纯中国人居住的望厦一地入手。他

1844年的澳门

19世纪上半叶的澳门

用武力威胁加金钱利诱，强令望厦乡民不再向中国政府缴租纳税，改向澳葡当局缴纳，这实际上是强迫他们背叛祖国。亚马留还强令乡民迁移历代祖先的山坟墓地，以修建从澳门城区通往关闸的马路，达到占据整个澳门半岛和继续北上扩张的图谋。凡是没有在亚马留限定的一个月内迁坟的，都一律铲平，尸骨抛海。这实际上就是强迫乡民背叛祖先。亚马留的野蛮侵略行径，是对中国民众精神信仰、心理底线的肆意践踏。怒火开始在爱国、爱澳、爱家的中国官民胸中熊熊燃烧。

聚义杀总督

亚马留习惯每天傍晚骑马到澳门半岛连接内地的关闸一带闲游。1849年8月22日傍晚，亚马留与往常一样，由副官陪同出游。傍晚6点半左右，他们到达关闸附近。这时，路旁有四五个中国人在吆喝叫卖。有一名中国汉子，左手握一把纸伞，右手拿一张状纸，跪在路旁。见亚马留到来，他边呼“冤枉”，边递状纸。亚马留以为又是来告状的，于是勒马停步，伸手去接状纸。突然，汉子左手撑伞起身，右手抛开状

刺杀亚马留场景图

此图刊登于1849年11月10日的《伦敦新闻画报》。

道光帝朝服像

纸，随即从伞内抽出一把寒光闪闪的短刀，砍向亚马留。同时，汉子用伞惊扰亚马留的马匹，要将亚马留掀于马下。

事发突然，亚马留未能及时反应过来，等到他想伸手拔枪，刀已砍到他的独臂。此时，路旁四五个叫卖的中国人一起围上，都亮出利刃，对亚马留及其副官猛砍。副官浑身是血，忍痛控制马匹，向澳门城区奔逃。他看到的最后一幕是：亚马留被砍下马来，刺客们围了上去。

等到尘埃落定，亚马留已经躺在血泊中，头颅与独臂都不见了，刺客也消失得无影无踪。

澳葡当局非常震惊，立刻组织政务委员会接管了亚马留的权力，并于当晚派兵俘虏了关闸的三名清兵，押回澳门城监禁。澳葡当局一方面攻占关闸，炮轰清军，并请求英、法、美等国在邻近地区的军舰武力支援，一方面不断向清朝官府交涉施压，叫嚣要求捉拿凶手。

原来，澳门城附近的望厦乡民早就仇视亚马留掘墓毁尸的暴行。龙田村村民沈志亮因拒绝迁坟导致祖坟被铲，祖先尸骨被毁。他痛心疾首，决意复仇。在清朝官府对亚马留的侵略扩张节节

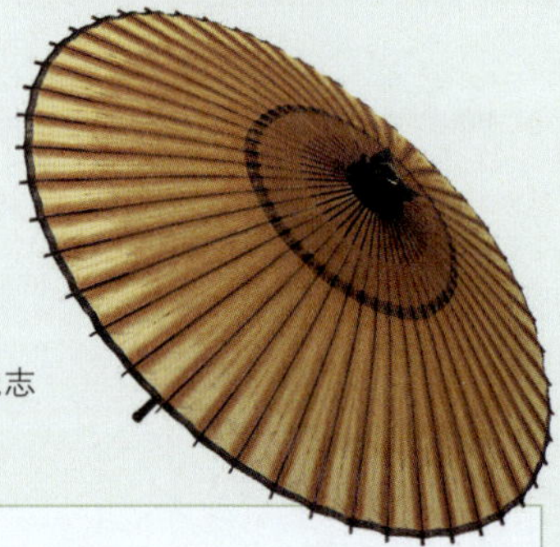

油纸伞

刺杀亚马留事件中，中国乡民沈志亮用的是一把传统油纸伞。

关闸

明万历二年（1574年），明朝政府在澳门半岛与内地相连的沙堤——莲花茎的中段设关闸，扼内地出入澳门的咽喉。明关闸为中国古城楼样式，是在底层的城台上加建一座三间、悬山式屋顶的建筑。关闸门楣刻有“关闸门”字样，并派官兵驻守。清康熙年间，关闸重修，增设官厅，设关闸汛。关闸后来发展为与洋人分隔的边界，葡萄牙人居住地仅限于澳门城内。

清道光二十九年（1849年），澳葡当局以亚马留遇刺为由，出兵攻占关闸与闸外炮台。清同治十三年（1874年），澳葡当局拆毁已存在三百年的关闸，并非法北移边界，另建葡萄牙凯旋门式的关闸门，遗址在今澳门特别行政区的关闸边检大楼门前。被拆毁的明清中国关闸仅留“关闸门”三字的匾额，被镶砌在当时的澳葡议事会（今澳门特别行政区市政署）内墙上，现在成为葡萄牙殖民者侵占澳门半岛的铁证。

退让、毫无作为的情况下，沈志亮暗中联络同仇敌忾的龙田与望厦两村的村民郭金堂等数人，大家聚义立誓，要让侵略头子血债血偿。他们严密制订并成功实施了刺杀亚马留的计划：沈志亮假扮拦路喊冤的百姓，其他人假扮商贩支援配合。由沈志亮先下手，然后大家一拥而上，将亚马留乱刀杀死。

最终，亚马留在关闸附近身首异处。义士们随即带着亚马留的首级和右臂，迅速撤离关闸一带。守闸清兵目睹了刺杀过程，但他们早就痛恨亚马留，因此并未阻拦。

碧血染前山

沈志亮等刺杀亚马留的消息传开，澳门内外的中国百姓无不拍手称快。但清朝两广总督等高官自鸦片战争以后就被洋人吓破了胆。最终他们通过威逼利诱等方式，找出了涉案村民。沈志亮挖出掩埋的亚马留首级、手臂，到官府投案自首。郭金堂闻讯，也赶往官府自首。两人都主动将杀人责任揽到自已身上，以免株连其他乡民。

丘逢甲

清朝官府担心此案拖延，既不好向澳葡当局交代，又怕激起民变，便迅速将沈志亮定为主犯，判处死刑，将郭金堂定为从犯，流放边塞。其他参与行刺的村民则多数在拒捕过程中被打死。

虽然沈志亮被官府枉杀，但其义举为澳门半岛内外的中国民众铭记赞颂。前山百姓为纪念沈志亮，将他葬于前山寨城西门大街的山坡上，并立“义勇沈公之墓”石碑。清末爱国诗人丘逢甲曾写《哭沈烈士诗》以作纪念：

“谁报凶酋发冢冤，宝刀饮血月黄昏。要携十斛葡萄酒，来酹秋原壮士魂。”

历经近两个世纪的沧桑巨变，埋葬沈志亮忠骨的坟墓早已消失，但是烈士英名永垂青史。（谭学超 马晓菲）

丘逢甲手稿

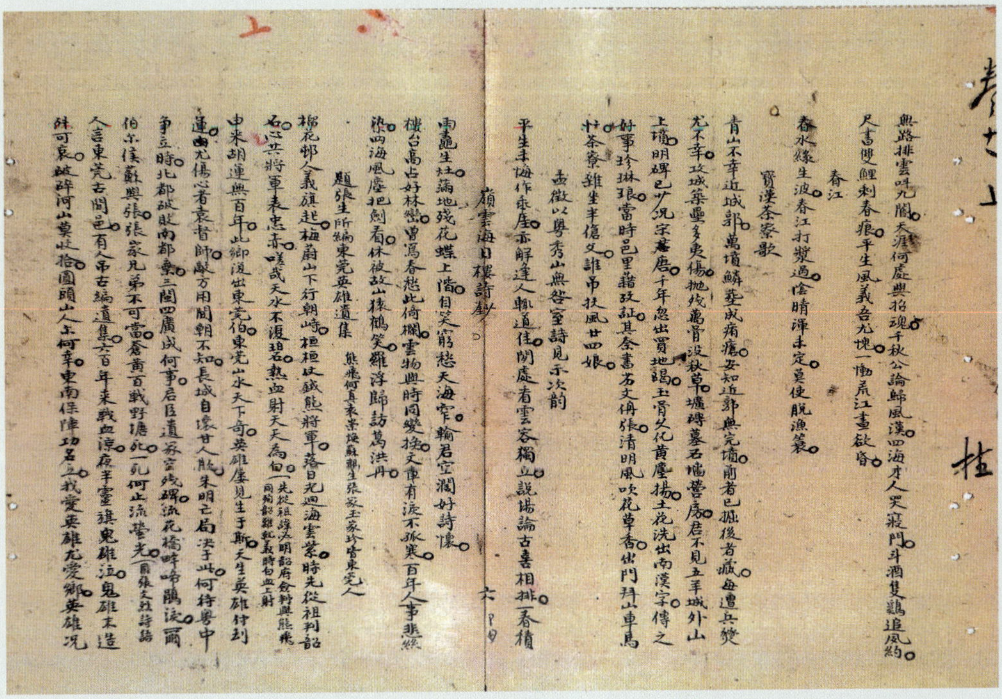

火烧圆明园

因规模宏大、营造精心、建筑精美、藏品丰富，圆明园被誉为“万园之园”。然而，这座皇家园林、清帝夏宫，却在第二次鸦片战争期间惨遭英法联军的抢劫和焚毁。“火烧圆明园”成为中国近代史上永远的耻辱和伤痛。

万园之园

圆明园是清代最重要的大型皇家园林，由圆明园及其附属的长春、绮春二园共同组成，因此有“圆明三园”之称。圆明园占地3.5平方千米，有景观一百五十余处，被誉为“万园之园”。康熙朝以后，清朝皇帝常在此避暑理政，所以在西方人笔下，圆明园也常被称为“夏宫”。

咸丰帝朝服像

康熙中后期，清朝国力上升，其增建、扩建皇家园林的步伐也逐步加快。圆明园始建于康熙四十六年（1707年），是康熙帝赐给皇四子胤禛（即后来的雍正帝）的园林。因胤禛法号“圆明”，故名“圆明园”。

雍正帝即位后，将此园拓展为“避喧听政”的场所，增建正大光明殿、勤政殿及六部、军机处等值房。至乾隆年间，又增扩建长春、绮春两园，园林规模初具。以后，再经嘉庆、道光两朝修建，圆明园修建时间总计一百五十余年，历经五代帝王。因地域规模宏大、营造技艺杰出、建筑景群精美、文化收藏丰富，圆明园被誉为“理想与艺术的典范”。

乾隆年间，宫廷画师还根据圆明园最著名的四十个风景群，绘成图册，并由皇帝题诗，制成《圆明园四十景图咏》。这套成就极高的工笔彩画，分为上下两册，奉旨正式安设于圆明园奉三无私殿呈览，人称殿本彩图。

令人扼腕的是，这样壮观的圆明园，却在咸丰十年（1860年）惨遭侵入北京的英法联军劫掠，并被付之一炬。

英法联军火烧圆明园时，《圆明园四十景图

咏》被侵略者掠走，献给了法国皇帝拿破仑三世，现存于法国巴黎国家图书馆。

列强再次入侵

要了解圆明园遭劫掠的始末，须从第二次鸦片战争说起。1854年，英国政府以享有最惠国待遇为由，向清政府提出修约，要求清政府全境开放通商，减免进出口货物的税收，允许外国公使常驻京师，并承认鸦片贸易合法化，但遭到清政府拒绝。

两年后，美国在英、法支持下再次提出修约要求，仍被拒绝。于是，英国和法国各找借口，派兵攻入广州。随后，英、法、美、俄四国公使北上上海，在与两江总督何桂清交涉无果的情况下，挥军北上，攻占大沽，兵临天津城下，迫使清政府签订了《天津条约》。后来英、法、美三国又在上海分别与清政府签订了中英、中法、中美《通商章程善后条约》。

第一次鸦片战争割地赔款的耻辱尚未远去，列强进一步要求公使进京。清廷一向认为，京师要地，岂容外人染指，因此把这一条款看作比割地赔款更为苛刻的要求，满朝沮丧，甚感恐惧。

尽管条约已经议定，但双方的分歧依然很大。1859年，英、法、美等国借换约为由，再次挥军北上，并要求舰队经大沽口沿白河进京。被清

僧格林沁

《八里桥战役之夜》

《僧忠亲王行猎图》（局部）

僧格林沁

僧格林沁是清朝晚期重要的军事统帅。他戎马一生，辅佐道光、咸丰、同治三代皇帝，先后参与平定太平天国起义、抵御英法联军入侵等战役，被朝廷视为御敌“长城”。他曾在大沽口给英法侵略者以沉重打击，捍卫了民族尊严。咸丰十年（1860年），僧格林沁再次披挂上阵，御敌于八里桥，终因武器落后而惨败。僧格林沁后来与捻军作战时战死，谥号“忠”，所以被称为“僧忠亲王”。

政府拒绝后，英海军司令亲率12艘军舰进攻大沽炮台，结果被清军击败。

1860年2月，英、法分别再度任命额尔金和葛罗为全权代表，进一步扩大侵略战争。8月，英法联军攻陷塘沽，随后，大沽、天津相继失守。清政府被迫派人与英法联军议和，但谈判再次破裂。

1860年9月，英法联军攻陷通州，几天后又在八里桥击溃僧格林沁率领的清军主力，10月便攻入北京。咸丰帝只得以"北狩"为名，逃往承德避暑山庄。

英法劫掠圆明园

英法联军攻占京师后，占领圆明园，并加以劫掠。据《泰晤士报》随军记者的报道："（圆明园）被劫掠和破坏的财产，总值超过六百万英镑。在进入宫殿后，谁也不知道该拿什么东西；为了金子而丢掉银子，为了镶有珠玉的时钟和宝石又把金子丢掉，无价的瓷器和珐琅瓶则因为不能运走，竟被打破。"

事实上，此次浩劫所造成的损失，远非六百万英镑所能衡量。清王朝耗时一百五十余年，在圆明园中收藏的中华文化数千年积累的精华，包括图书、文物、字画、珠宝等，全部毁于一旦。而在英法联军有组织地劫掠之后，英军指挥官又下令将这座全世界最宏伟的皇家园林付之一炬。

圆明园劫难

持续了三天三夜的大火将这座举世无双的园林杰作焚烧殆尽，大部分珍贵建筑被夷为平地。火烧圆明园的主谋额尔金还得意忘形地宣称，此

圆明园大水法

举将使中国与欧洲都感到震惊，从而起到前所未有的震慑效果。

法国作家雨果闻讯，曾专门撰文谴责英法联军的暴行："有一天，两个强盗闯入夏宫，一个大肆劫掠，一个纵火焚烧。两个征服者平分赃物。真是丰功伟绩，天赐横财！胜利者把口袋装满，他们手拉手，笑嘻嘻地回到了欧洲。这就是两个强盗的历史。在历史面前，这两个强盗，一个叫英吉利，一个叫法兰西。"

据清朝官员事后查奏，号称"万园之园"的圆明园，在英法联军焚毁之后，仅幸存有官门、值房、殿宇亭阁等建筑二三十座，且门窗不齐，室内陈设、几案尽遭劫掠。

火烧圆明园狭义上指焚烧圆明园，事实上，英法联军烧的不止圆明园一处，京师西郊的皇家三山五园均被焚毁，所以，广义上的火烧圆明园范围和程度更要大得多。

同治时期，同治皇帝一度在慈禧太后授意下试图重修圆明园，但未果。光绪十四年（1888年），清政府仅重修了同被英法联军焚毁的清漪园，改称颐和园，作为慈禧太后消夏游乐之所，但规模远远无法与圆明园相提并论。西郊的皇家园林被焚烧后逐渐沦为荒地，后又陆续被人开垦为农田。

圆明园虎首铜像

圆明园等皇家园林遭受的劫难，折射出近代中国积弱、混乱的时局，也时刻警醒国人对历史进行深刻反思。（李骛哲）

你只管去想象，那是一座令人心驰神往的、如同月宫城堡一样的建筑。
——［法］雨果

圆明园遗址

《圆明园四十景图咏·月地云居》（局部）

根据皇帝旨意，宫廷画师唐岱、沈源、冷枚等于乾隆九年（1744年），依照圆明园著名景群，绘制绢本彩色四十景图。画成之后，乾隆帝题诗，工部尚书汪由敦楷书书写，形成《圆明园四十景图咏》。全图咏历经十一年绘制而成，诗作意境深远，图画绘工精美，书法隽永飘逸，诗、书、画达到了完美的统一。

辛酉政变

在热河行宫（承德避暑山庄）的病榻前，咸丰帝为皇太子载淳指定了八位顾命大臣，让他们总摄朝纲。八大臣与小皇帝的生母慈禧太后产生了严重矛盾，慈禧太后联合恭亲王奕䜣等人，成功发动政变，掌握了清朝统治大权。

咸丰出逃

咸丰帝便装像

咸丰十年（1860年）正是清廷内外交困之时。南面太平天国运动如火如荼，北面英法联军已兵临天津城下。1860年5月，太平军陈玉成、李秀成等部攻克江北大营，解除了天京之围，南方清军陷入极其被动的局面。9月，清军僧格林沁部在八里桥又被英法联军击败。无可奈何之际，咸丰帝急忙任命其异母弟弟、比他小一岁多的恭亲王奕䜣为钦差大臣，留在京师与洋人和谈，并命僧格林沁向英法联军竖起白旗，停兵休战。他自己则领着后宫嫔妃及亲信大臣，以木兰围猎为名，逃往承德避暑山庄。

留守北京的恭亲王，是道光帝第六子，也是道光帝的爱子。咸丰帝是道光帝第四子，因前面三个兄长都已亡故，他成为实际上的长子。咸丰先天体弱，又因坠马伤了腿，以至于走路稍瘸。当时的清朝人都认为跛子做皇帝是不祥之兆，但咸丰的优势在于，他是道光帝宠爱的皇后钮祜禄氏所生。钮祜禄氏在咸丰九岁时病故，所以道光帝对咸丰有一种特殊的怜悯。

相比之下，奕䜣则英姿勃发，才华过人，道光帝“极钟爱之”。奕䜣的母亲也是道光帝的爱妃，所以她被道光帝指定为咸丰的养母。道光帝至死未再册封新皇后，说明他对咸丰的生母刻骨

避暑山庄匾额

承德避暑山庄内午门上有一块康熙帝御笔亲题的“避暑山庄”匾额，匾额上的“避”字中“辛”字旁多了一横，据说是康熙帝写了错别字。

铭心，或许这才是咸丰在继位竞争中胜出的奥秘所在。

据野史记载，咸丰胜出的另一个原因在于，教咸丰读书的师傅杜受田心思奇巧缜密。有一次，道光帝召集诸皇子在南苑打猎，杜受田事先密授咸丰，在猎场只需坐观，“万勿发一枪一矢”，皇帝若问，就回禀说春天“不忍伤生命”。果然师傅的神机妙算应验，道光帝直夸咸丰“真有君子之度”。

尽管如此，道光帝在立储诏书上除了写明“皇四子奕詝立为皇太子”之外，还额外标示“皇六子奕䜣封为亲王”，足见道光帝对后者的不舍。这里也可以看出道光帝性格的优柔寡断和判断力的不足。鸦片战争之后，朝廷无疑更需要一位雄才大略、雷厉风行的皇帝。

奕䜣在咸丰初年一度出任领班军机大臣，但在咸丰五年（1855年）他很快被逐出权力中心。时隔六年，咸丰帝于京师沦陷仓皇出逃之际，再召恭亲王善后京师，倒是从另一个维度演绎了皇家版的“共患难易，共富贵难”的故事。

后续事态的发展，远远超出了咸丰皇帝的想象。1860年10月，英法联军击败僧格林沁残部，直扑圆明园，大肆劫掠。随后，英军又奉指挥官额尔金之命，焚毁圆明园。正当奕䜣迅速与英法诸国签订和约之时，咸丰帝的健康状况急剧恶化。

1861年，在热河行宫病危之际，咸丰帝下诏将皇长子载淳立为太子，并命随侍左右的怡亲王载垣等八位大臣为“顾命八大臣”。同年8月，咸丰帝驾崩，他唯一的儿子，年仅六岁的载淳即位，他就是清穆宗，年号拟定为“祺祥”。

咸丰帝的这种安排，毫不出人意料，却又极不合理。他将留守京师艰难维持和局并立有大功的奕䜣等人再次排除在权力核心之外。而顾命大臣肃顺等人与同在承德的太子生母懿贵妃叶赫那拉氏，也就是后来的慈禧太后，又有较深的矛盾。一边是矛盾重重的热河行宫，一边是刚刚恢复平静、虚位以待新帝的京师，皇权尚未交接，风暴已经近在眼前了。

清代宫廷画师所绘同治帝《游艺怡情图》

恭亲王奕䜣

发动政变

载淳继位后，先帝皇后钮祜禄氏被尊为慈安太后，小皇帝的生母叶赫那拉氏则为慈禧太后。按照咸丰帝的遗命，刻有“御赏”和“同道堂”的两枚御印，被分别赐给钮祜禄氏和载淳。小皇帝所颁诏书、顾命大臣所拟上谕，必须加盖这两枚御印，方能有效。因为载淳年幼，“同道堂”印便掌握在慈禧太后手中。咸丰此举，意在加强太后权力，制衡顾命大臣，同时也可使两位太后相互牵制，以维持政治平衡。

按说朝廷大事由外朝处理，内廷中慈安太后仁厚，两宫之间应该不存在不可调和的矛盾，咸丰帝却偏要两位太后相互制衡，显然是另有顾忌。当时有一则非常著名的传闻，说的是咸丰帝病死之前，肃顺曾建议效仿汉武帝处死汉昭帝生母钩弋夫人的故事，处死载淳的生母叶赫那拉氏，即所谓“子贵母死”。这则传闻的真实性已无从考证，但它反映了咸丰帝对慈禧太后的忌惮。慈禧太后野心勃勃，恋权而强势，咸丰帝在世时，她已试图染指政事。她一旦成为太后，权力野心势必完全暴露，且无人能够辖制。

果然，咸丰帝死后不久，便有臣子“奏请”两宫太后“垂帘听政”。此事引起顾命大臣与太后的冲突。八位顾命大臣以载垣、端华地位最高，但真正的核心却是肃顺。肃顺强势，行事雷厉风行，他以“本朝未有皇太后垂帘”为由，严词拒绝奏请。朝堂之上，太后与大臣的冲突，甚至激烈到将小皇帝吓得尿了裤子，这在鳌拜专权的康熙朝都不曾出现过。肃顺的强横使得暂显弱势的两宫太后捆绑在一起，结成了牢固的同盟，咸丰帝临终前设计的三角制衡关系，瞬间转化为两股

同治帝朝服像

慈安太后画像

慈禧太后

为善不同，同归于治；为恶不同，同归于乱。

——《尚书》

势力你死我活的对抗。

与此同时，先前已被咸丰帝边缘化，但仍颇具实力的恭亲王奕䜣等人也迅速行动起来。两宫太后与奕䜣暗中联络，积极结好京畿附近驻军的僧格林沁和兵部侍郎胜保等人，又联络刚刚烧毁圆明园的英法势力，并从奕䜣处得到了“外国无异议，如有难，唯奴才是问”的保证。

1861年10月，咸丰帝灵柩启程回京，慈禧太后利用肃顺等人狂悖轻敌的弱点，与慈安太后及幼帝先于灵柩及肃顺等人返回京城，控制了宫禁，掌握了兵权，并于11月2日发动政变，对顾命八大臣加罪，随后加以诛杀或流放。11月7日，下诏改年号“祺祥”为“同治”。所以，这次政变一般称为“祺祥政变”，又因事变发生在辛酉年，也称“辛酉政变”。

女主当国

辛酉政变后，京师的权力格局迅速调整。八名顾命大臣的追随者尽遭革职，两宫太后垂帘听政，与恭亲王亲近的人进入军机处，掌握了实权。而奕䜣本人，则被授为议政王，同在军机处行走，与慈禧、慈安二位太后分享最高权力。

不过，朝堂上的争斗，并没有因为肃顺等人被处死而停歇。随着权力核心的转变，博弈的双方也迅速转变为奕䜣和慈禧太后，而慈禧太后又因为慈安太后的谦让，始终掌握着皇权，长期居于主动地位，权力不断扩大。尽管两宫皇太后曾短暂退帘，归政于同治帝，但慈禧太后出于争夺权力的需要，有意放纵小皇帝，导致同治帝年仅十九岁便身染恶疾而死。由于同治帝无子，慈禧太后将她的胞妹叶赫那拉·婉贞与醇亲王奕譞之子——年仅四岁的载湉（tián）立为皇帝（即光绪帝），再度垂帘听政。

光绪七年（1881年），慈安太后暴死，又过了几年，奕䜣再度被慈禧太后踢出权力中枢，慈禧太后最终完全掌握了清朝至高无上的皇权。（李骛哲）

故宫养心殿东暖阁

慈安、慈禧两位太后在养心殿东暖阁“垂帘听政”。

两宫垂帘听政

两宫听政看似慈安太后与慈禧太后平起平坐，但事实上慈安的地位高于慈禧。由于慈安不热衷政务，大事小事都由慈禧点头经办，因此给人造成慈禧太后独断专行、不受掣肘的表象，其实慈禧在大事决断上不仅要和慈安商议，而且要经过慈安同意。同治八年（1869年），慈禧太后的心腹总管太监安德海出京，违背了太监不许出京的祖制，慈安太后听闻上报后，立即下令诛杀安德海，慈禧无可奈何。直到慈安去世后，慈禧才真正独揽大权。

洪秀全与太平天国

对清朝来说，19世纪中叶称得上是“内忧外患”。除了用坚船利炮强行攻入国门的外国侵略者，对清朝更致命的威胁来自咸丰帝登基之年爆发、历时十四年的太平天国运动。这场运动的领袖，名叫洪秀全。

金田起义

嘉庆十九年（1814年），洪秀全出生在广东花县一个客家人农家。为了改变洪家世代务农的命运，洪秀全的父母把全部赌注都押在这个聪颖伶俐的三儿子身上，指望他通过科举考试出人头地。洪秀全也的确不负所望，很快便能背诵四书五经，塾师和族人都纷纷夸他是“神童”。

道光七年（1827年），“小神童”洪秀全踏上科举征途后，先是在花县县试中名列前茅，接着到广州参加府试却名落孙山。此后十年他又两度赴广州应试，都铩羽而归。

在竞争激烈的科举考试中屡战屡败，原是很寻常的事情，但对于身负全家寄托又聪颖自负的洪秀全来说，这个打击显得过于沉重，以至于他在得知落榜后，竟高烧不退，一连四十余天神思恍惚、举止癫狂，口中直呼“斩妖”。

广州花都洪秀全故居洪氏宗祠

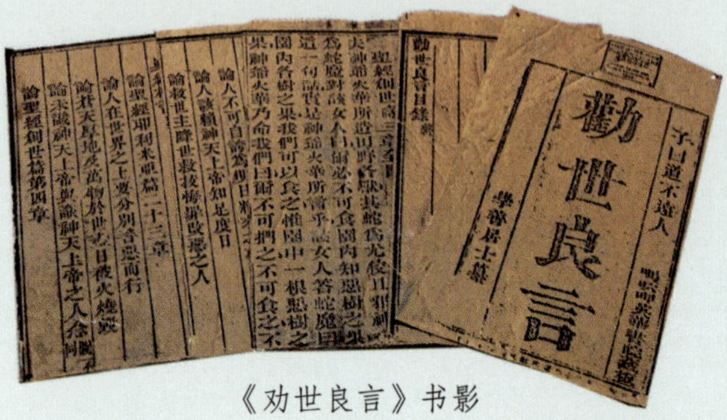

《劝世良言》书影

这次大病后的第六年，洪秀全参加了第四次科举考试，结果再次落榜。这次落榜使三十一岁的洪秀全绝望了，同时也促使他有了更深刻、更冷静，也更长远的思考。

道光二十三年，洪秀全偶然翻出几年前在广州应试时从街边得到的《劝世良言》。这本宣传手册的编写者梁发，是当时为数不多的华人牧师，小册子里介绍的是一些有关基督教的基本知识。书中讲到的上帝派遣爱子救世度人的故事和天国降临的预言，让洪秀全“意识”到，早年在梦中叮嘱他斩妖除魔的就是这位天父。从此他以上帝次子自居，认为他此生的使命就是建立一个人人平等的地上天国。

就这样，洪秀全创立了一个貌似基督教又不是基督教的“拜上帝会”，并且自任教主。他模仿《劝世良言》，撰写了《原道救世歌》《原道醒世训》《原道觉世训》等一系列作品，宣扬“人人平等”的教义，得到表弟兼同学冯云山的支持。

此后，洪秀全和冯云山离开家乡，在广西东南地区收获了大批信众。洪秀全为什么舍近求远，跨省跑到广西去宣传和发展呢？首先这与冯云山一直在广西“打工”有关，他在那边有一大帮知根知底的兄弟，他们也都是客家人。在经济发达的广州，作为科场失意的客家人是没有号召力的，甚至会被歧视的，而广西东南的紫荆山区属于贫困地区，历史上一直是客家人的聚居之地。客家人是历代为躲避战乱而由中原南迁的侨民，他们有自己的方言，也有着强烈的族群认同感和向心力。

紫荆山区盛产煤炭，当地客家人大多是穷苦的烧炭工人，后来成为太平天国重要领导人物的杨秀清、萧朝贵，都是“烧炭佬”出身。对于他们而言，拜上帝会所宣讲的“日日有衣有食，无灾无难”的图景，无疑格外具有吸引力。

道光帝驾崩后，咸丰帝登基。道光三十年夏，洪秀全号召拜上帝会的信众赴桂平县的金田村集合，很快便召集了一支近万人的队伍。闹出这么大的动静，清政府自然派兵弹压，但赶来的清军都在金田村附近被击退。道光三十年十二月初十（1851年1月11日），也就是洪秀全三十七岁生日这天，洪秀全在金田村正式宣布起义，建号太平天国，并自称天王。

势如破竹

金田起义后，太平军势如破竹，连败清军。攻克永安几个月后，洪秀全对太平天国的基本建

洪秀全撰写的《原道救世歌》《原道醒世训》《原道觉世训》书影

太平天国天王洪秀全的龙袍

堂子街太平天国壁画

江苏南京秦淮区堂子街上有一座太平天国东王杨秀清属官的衙署，1952年在这座古宅的正厅及二厅的石灰墙面和板壁上发现了18幅太平天国时期遗留的彩色壁画。太平天国的领袖大多出身农家，钟爱壁画这种民间艺术表现形式，堂子街留存的太平天国壁画的表现内容为山水或花鸟，笔法粗犷与细腻兼备，具有重要的历史、文物与艺术价值。

江苏苏州太平天国忠王府内部

天京沙盘

制进行了规定，并册封五王：封杨秀清为东王，萧朝贵为西王，冯云山为南王，韦昌辉为北王，石达开为翼王，诸王“俱受东王节制”。太平天国早在金田起义时就规定，全体起义者要将资产全部变卖，用来建立“圣库”，个人所需均由圣库平均供给。永安建制时又进一步强调，一切缴获全部归公。

咸丰三年（1853年），太平军以数十万兵力沿长江水陆并进，包围江南重镇金陵（今江苏南京）。攻占金陵后，洪秀全将金陵改名为天京，在此定都。此时距金田起义，不过两年零两个月。

太平天国定都后，颁布《天朝田亩制度》作为纲领性文件，宣布废除土地私有，由天国平均分配，勾画了“有田同耕，有饭同食，有衣同穿，有钱同使，无处不均匀，无人不饱暖”的美好蓝图。

南京太平天国历史博物馆中的天王宝座

定都天京之后，太平军立即发动了直捣京师的北伐和争夺长江中游的西征。

北伐军起初势头极盛，很快攻入直隶，令咸丰帝大为恐慌。然而到了当年冬天，由于南方将士不耐严寒，加上后方粮草转运艰难，北伐军的局面迅速恶化，被迫退至安徽一带。后与清军多次对抗失利，最后在咸丰五年以失败告终。

西征军以翼王石达开为主帅，他们从安徽打到湖北，又在江西湖口大败湘军水师，逼得湘军统帅曾国藩差点投水自尽。此后石达开乘胜西进，夺取了武昌，巩固了天京的防卫，与清朝形成对垒之势。

天京内讧

然而，就在太平天国政权刚刚得以巩固之际，天京城内的领导集团，已经开始相互争权夺利。

攻克金陵后，洪秀全、杨秀清便在城内大举兴建天王府、东王府。竣工后的天王府“宫禁焕灿，楼阁百层”，十分奢华。东王杨秀清的奢侈程度也不在天王洪秀全之下。杨秀清进出东王府，仪仗队多达千余人，单是他坐的黄呢轿，就要五十六名轿夫来抬，排场简直比洪秀全还大。

为什么东王杨秀清如此嚣张？这还要从拜上帝会初创时一次偶然的危机说起。

道光二十八年，洪秀全与冯云山等人在紫荆山区活动，引起官府警觉。随后冯云山被捕，被押回广东审讯。洪秀全赶回广东营救，留在广西的会众顿时陷入群龙无首的混乱状态。

就在这时，受命暂时统领会众的杨秀清模仿起洪秀全，在一连多日沉默不语后，忽然开口自称天父附身，说天父已派天王洪秀全下凡拯救苍生，众人务必坚定信仰，共创大业。

在人心惶惶的当口，杨秀清这番举动竟然真的稳住了人心，使会众免于分崩离析。从此，杨秀清在拜上帝会中便拥有了代天父传话的职能。

金田起义后不到两年，南王冯云山与西王萧朝贵相继战死，能够牵制杨秀清的力量相对减弱。定都天京之后，杨秀清一直总揽政务，动不动便重施“天父附身”的故伎，向洪秀全索取更大的权力。

咸丰六年，杨秀清假托天父下凡，将洪秀全召至东王府，毫不掩饰地说：“你与东王都是我的儿子，东王立下这么大功劳，何止称九千岁？”洪秀全只得应承：“东王打江山，亦当是万岁。”杨秀清仍然不依不饶：“东王世子岂止是千岁？”洪秀全

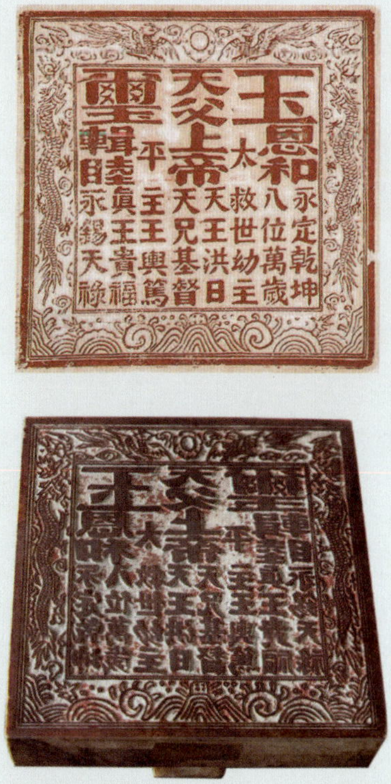

太平天国天王洪秀全玉玺

对于这方玉玺的真伪及上面的文字从何读起，学界一直存在争议。

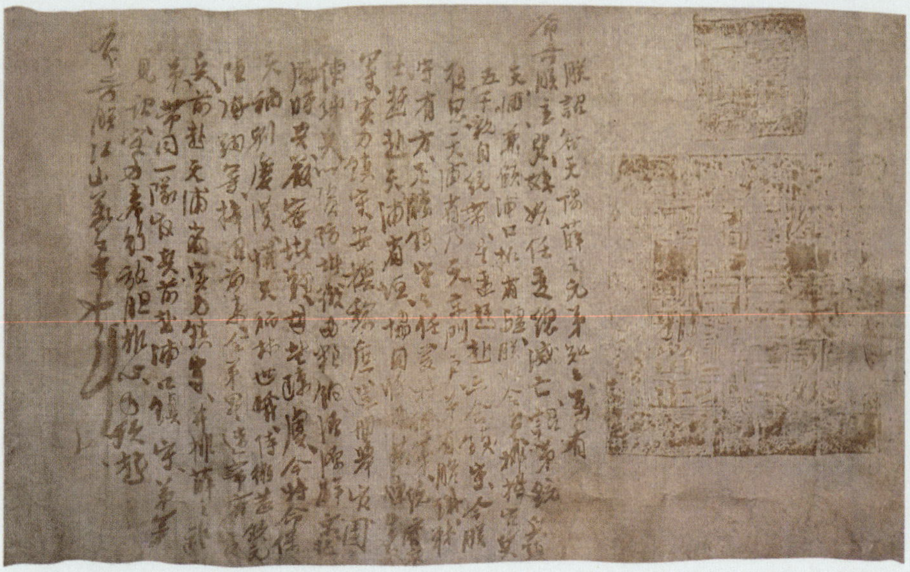

太平天国天王洪秀全朱砂诏书

答："东王既万岁，世子亦便是万岁，且世代皆万岁。"杨秀清这才志得意满地说："我回天宫了！"

杨秀清如此咄咄逼人，洪秀全自然忍无可忍，于是密召在前线作战的北王韦昌辉与翼王石达开回京，打算诛杀杨秀清。

韦昌辉与杨秀清积怨很深，闻讯立即领兵赶回天京，将包括杨秀清在内的东王府中人口屠杀殆尽，又假传天王旨意，对东王旧部大开杀戒，先后处死了两万余名太平军将士。

迟到一步的石达开面对这场惨祸，震惊不已，当面斥责韦昌辉滥杀无辜。而此时大权在握的韦昌辉又想把石达开也一并除掉。石达开闻讯，连夜逃出天京，他的家人却不幸被韦昌辉所杀。

石达开逃到安庆，率四万精兵赶回天京"靖难"。在石达开的压力下，洪秀全处死了韦昌辉，并请石达开入朝主持政局。在石达开的部署下，内乱后的太平天国总算招架住了清军的攻势。但此时的洪秀全对石达开的猜忌越来越深，他任命自己的长兄洪仁发为安王，二兄洪仁达为福王，共同辅政，以牵制石达开。

由于洪氏兄弟的排挤，石达开于次年率领亲兵离京出走，转战西南各省，兵败后从容就义。

天国破灭

天京内讧与石达开的出走，使得太平天国领导集团四分五裂，军事力量遭受重创，人心涣散。自此之后，洪秀全虽然直接掌握了朝政大权，但太平天国已经不可避免地由盛转衰。

面对颓势，洪秀全起用陈玉成、李秀成等新锐将领。咸丰九年，洪秀全的族弟、与他交情极为深厚的洪仁玕终于辗转来到天京。洪仁玕的到来，让洪秀全大喜过望。洪秀全很快封他为干王，

石达开大渡河兵败

同治二年（1863年），石达开与属下三万士卒在大渡河岸被清军包围。他们多次渡河不成，粮草用尽，血战多日之后，陷于绝境。石达开致信四川总督骆秉章，请求牺牲自己来保全部下的性命。石达开带着五岁的幼子石定忠自赴清营，随后被带到成都公堂。石达开受审后从容就义，身受凌迟酷刑，始终默然无声，就义时年仅三十二岁。石达开被押往成都后，清军夜袭石达开残部，除老幼得以存活外，其他人全部惨遭杀害。

太平天国钱币

授命他总理朝政。洪仁玕曾长期在香港居住，是太平天国领导层中对西方文化有深入认识的人物。他受命辅政后不久，便撰写《资政新篇》进呈洪秀全。

在这部太平天国后期的施政纲领中，洪仁玕系统地阐述了全面学习西方文明、强国富民的设想，这也是鸦片战争以来，中国人寻求真理，救亡图存的最早篇章。

但当时的战争形势已十分严峻，同治二年（1863年），苏州失守，天京遭围困，岌岌可危。李秀成劝洪秀全放弃天京，转战江西湖北。洪秀全非但不听劝告，反倒对太平军将士宣称，天父马上就要派遣天兵下凡，助他剿灭清兵。

《资政新篇》书影

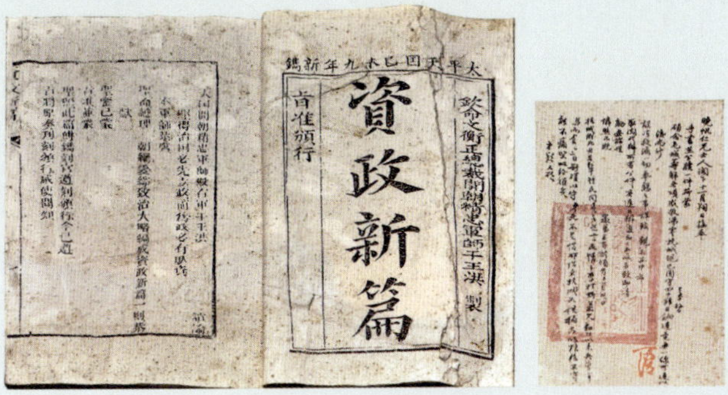

危难之际，这些举动不仅不能团结城内军民的人心，更阻挡不了清军步步逼近的屠刀。同治三年四月，洪秀全在天京病逝。六月，围城的清军轰开太平门城墙，太平天国运动失败。（李鹜哲）

《湘军平定粤匪战图·克复安庆省城图》

自乾隆年间以来，"战图"成为清朝宫廷绘画中的一个重要门类，皇帝命画师在那些朝廷获胜的重要战役中选取关键且精彩的场面，用图画的形式进行描绘记录，以备纪念。此图是湘军平定太平军的一整套战图中的一幅，描绘的是清朝与太平天国的关键性战役——安庆之战。此战获胜之后，清朝逐渐掌握了军事主动，最终一鼓作气攻下天京。

曾国藩和他的家书

曾国藩是清末汉族官员的重要代表，他对内镇压起义，对外引进西方技术，成为“中兴”名臣。他也是一位学养深厚的学者，推崇程朱理学，力主经世致用，留下了上千封家书，深受后世推崇。

曾国藩塑像

毁誉参半的一生

在中国近代史上，曾国藩是一位举足轻重、影响巨大的人物，但不同历史时期，对他的评价却存在着相当强烈的反差。

曾国藩几乎以一己之力创建湘军，剿灭了势头强劲、占据清朝半壁江山的太平天国起义军。有人建议他趁着手握重兵的机会自立为王，但他从来不为所动，鞠躬尽瘁地给清朝续了近半个世纪的命。清朝当权者一方面对他心存疑虑，暗中设防，另一方面也理所当然地将他视作“中兴柱石”“一代纯臣”。

然而，在与太平军厮杀的过程中，曾国藩使用的却是雷霆万钧的铁血手段，纵兵杀掠，以至于被百姓称为“曾剃头”。

与此同时，曾国藩又是洋务运动的倡导者和实践者，他冒着风险把古老的中国推向近代化的道路。如果说他于咸丰十一年（1861 年）创设安庆内军械所，试造第一艘西式轮船尚属器物层面对西方的模仿，那么，同治十一年（1872年）他成功派遣第一批三十名幼童赴美留学，则是他从学术文化层面给落后的清朝输血。即使不关心清朝生死存亡的人，也无法否认曾国藩的历史贡献。

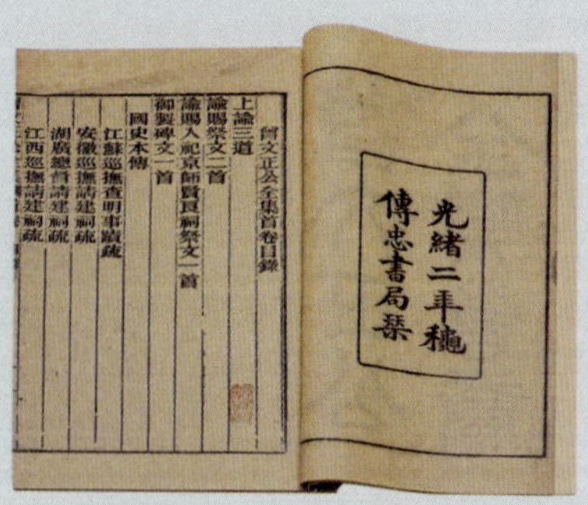

《曾文正公全集》书影

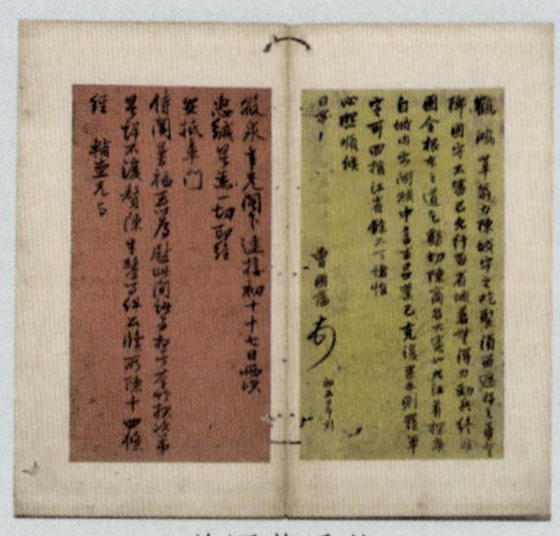
曾国藩手札

曾文正

曾国藩与胡林翼并称“曾胡”，与李鸿章、左宗棠、张之洞并称“晚清中兴四大名臣”。曾国藩谥号“文正”，所以后世称他为“曾文正”。

《曾文正公家书》

光绪五年（1879年），由曾国藩的学生李瀚章、李鸿章结集的《曾文正公家书》由传忠书局出版，收录了曾国藩自道光二十年（1840年）至同治十年这三十余年间的435封家书，涵盖了曾国藩一生中的大部分时光。从初入官场，到组织团练、东征西讨，终于位极人臣，曾国藩平生几乎所有重要历程，都可在家书中觅得吉光片羽。这些家书内容极为丰富，小到人际琐事、日用生计，大到进德修业、军国大事，无所不包，既展露出他丰富的内心世界，也反映了他做人做事的底色和基调。

曾国藩的弟弟曾国荃是其在湘军中的左膀右臂，也是最终攻下太平天国首都的名将，由此也引来官场中人的嫉妒和谤毁。曾国荃也确实有自己的软肋，他率军一路东征，攻克吉安、安庆、天京，其手下军士抢掠搜刮，曾国荃也趁机横征暴敛，接着在家乡修豪宅，囤珍宝，被人讥讽为“老饕”。曾国藩觉察后，去信叮嘱弟弟不可如此，告诫他“富贵功名，都是浮云，要在‘廉’字上下功夫”。攻克天京后，曾国藩在赞扬弟弟有功于国和家的同时，也讽诫其“规模太大，手笔太大”。

曾国藩故居富厚堂

千年变局

对于子侄，曾国藩在家书中也有严格的要求：不许坐轿，不许使唤人，添茶倒水、拾柴收粪、插秧收割，事事都要亲力亲为。这样的要求绝非作秀，而是向家人反复强调，不要以官家自居，而要守住祖上“旧习”，守住“半耕半读”的本分。

除了理学的大道理之外，家书中涉及的还有家族内的人伦亲情，所以曾国藩家书并不总是板起脸来说教。曾国藩还在信中跟几位“老弟”和子侄谈论养生之道，认为“饭后千步，将睡洗脚，胸无恼怒，静坐有常时，习射有常时，黎明吃白饭一碗不沾点菜”有利于养生。他指出“养生与为学，二者兼营并进，则志强而身亦不弱，或是家中振兴之象”。在曾国藩看来，养生是为了强身，强身则是“为学”的基础，“养生”与“为学”要齐头并进。

曾国藩还喜欢谈进德、修业。曾国藩头脑中的进德修业，首先是在家孝敬父母，友爱兄弟，做个好人，其次是做一个读书人。在曾国藩看来，理学的真功夫，首在“立德”。修养是立德的必由之路，“德”立起来了，才能谈“立功”和“立言”。

忍辱负重

曾国藩还格外注重“诚”的品格，这既是他的一种个人修养，也是他为官的

曾国藩故居内景

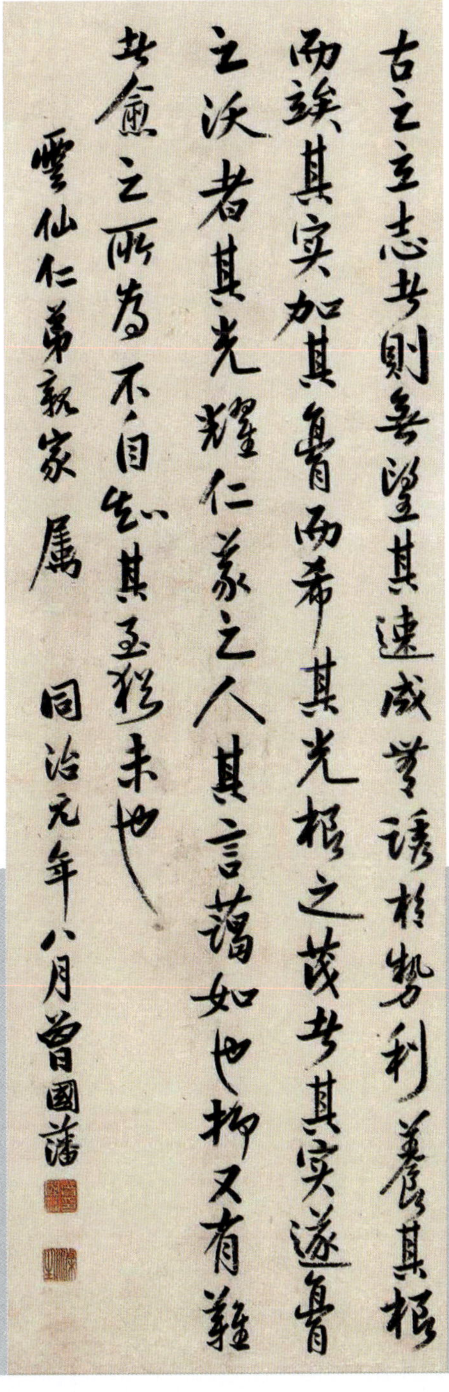

曾国藩手迹

准则。曾国藩一生的成就，依靠的不是小聪明，更不是“厚黑学”。正人君子在官场如何生存下去？曾国藩的策略是“打落牙齿和血吞”。

在与太平军作战的初期，面对敌手，因为能忍，曾国藩才能屡败屡战。他也曾有心灰意冷的时候，遭遇接连失利时，他投水自杀，幸亏被幕僚救下。过了这一关，他的忍耐功夫也大为长进。

面对朝廷，曾国藩也得忍。面对咸丰帝的猜忌、官场同僚的掣肘、战败之后官绅的唾骂，“谤怨沸腾，万口嘲讥”，他小心周旋，苦心经营，最终也忍过去了。

好不容易镇压了太平军，洋务运动也不断得到推进，没想到同治九年又爆发了天津教案。为避免外交冲突升级，曾国藩与法国和议，结果全国舆论大哗，骂声一片。他这位“中兴名将”“旷世功臣”顿时变成世人口中的“汉奸”“卖国贼”。晚年的曾国藩感叹，“此中蓄积多少闲气，无处发泄”，或许正透露出强忍的难受。两年后，曾国藩忧愤抑郁而死，终年六十一岁。（徐 立）

左宗棠收复新疆

左宗棠二十岁中举后屡试不第，近不惑之年才拜官授职，但大器晚成并未妨碍他成为封疆大吏。在沙俄入侵新疆的危急关头，左宗棠主张一定要重视“塞防”。被任命为钦差大臣督办新疆军务后，左宗棠成功收复新疆，这不仅成为他人生中最卓著的功勋，也对维护中国疆域版图的完整起到了重要作用。

湘阴卧龙

嘉庆十七年（1812年），左宗棠出生于湖南湘阴。他少时家境并不富裕，运气也不怎么好。祖父左斐中是国子监生，父亲左观澜是秀才，均以教书为生。他十五岁参加府试后，因母亲病故放弃了院试，三年后又丧父。家庭并未给年轻的左宗棠提供太多的支持，他似乎也未有机会显示出过人之才。道光十二年（1832年），左宗棠参加乡试，本来并未考中，但主考官徐法绩在落选的考生中又挑出六人，最终左宗棠以“搜遗”中第。此后三次赴京会试，屡试不中，左宗棠只得放弃了科考这条传统的入仕之途。

左宗棠

> **林则徐与左宗棠**
>
> 湘军重要首领、晚清中兴名臣之一的胡林翼曾向林则徐推荐自己的同乡左宗棠，称他“湘阴左君有异才，品学为湘中士类第一”。林则徐因此去信邀请左宗棠来他的身边任职，可惜左宗棠当时家中有事，错失了机会。后来林则徐坐船途经湘江时，派人去邀请左宗棠前来一见。左宗棠接到林则徐的邀请后，写了“湖南举人左宗棠”的大红拜帖，匆匆赶到湘江林则徐所乘的船边。林则徐被他的才能倾倒，称他为“旷世奇才”。两人的这次会面，交谈十分投机，他们彻夜畅谈天下大事，直到第二天清晨。据说这次会见时，林则徐把自己在新疆整理的资料全部给了左宗棠，并将御俄的重任托付于他，恳切地说：“西定新疆，舍君莫属。”

不过，这并不意味着他无路可走。参加乡试的前一年，左宗棠进入长沙城南书院读书，颇受老师、著名学者贺熙龄与其兄贺长龄赏识，认为他确实有真才实学。左宗棠因此得以借阅贺家藏书，其中便包括贺长龄署名编辑的《皇朝经世文编》。这套旁人难以得见的大部头书，成为左宗棠

胡林翼

了解国家生计和经世之学的捷径。

落榜之后，左宗棠在醴陵渌江书院讲学之时，又遇到一位贵人。时任两江总督的陶澍回老家湖南安化，途经醴陵，知县为其修建馆舍时，请左宗棠写几副门联。左宗棠写的是：“春殿语从容，廿载家山，印心石在；大江流日夜，八州子弟，翘首公归。”

“印心石”的典故源于陶澍道光年间进京时，道光帝问及他的家世，陶澍答幼时随父亲在印心石旁读书，道光帝便亲书“印心石屋”四字赐之。陶澍一向以此事为荣。因此，左宗棠的这副对联颇合陶澍心意，左宗棠由此与陶澍结识。

之后，陶澍邀请左宗棠进入陶家教导儿子读书，后来又与左宗棠结为儿女亲家。陶家女婿胡林翼与左宗棠同岁，两人也成为好友。

咸丰二年（1852年），左宗棠四十岁时，洪秀全领导的太平军已攻至长沙。时任湖南巡抚张亮基曾为林则徐部属，又是胡林翼的好友，左宗棠便在胡林翼的举荐下进入张亮基的幕府，协助其成功守住了长沙城。随后，张亮基调任山东巡抚，左宗棠又受邀进入继任湖南巡抚骆秉章的幕府。左宗棠任幕僚时，湖南“内清四境，外援五省”，湘军出省作战捷报频传，左宗棠更受骆秉章倚重，渐有威名。

咸丰十年，太平军接连攻克苏州、杭州等地，在曾国藩保举下，清廷特旨命左宗棠以四品京堂之职襄办军务。左宗棠自然不会放弃这个机会，开始建功立业。他在长沙金盆岭招募五千人，于八月间开赴江西、浙江镇压太平军，最终在广东攻灭太平军余部。此后，他又先后奉命督办陕甘军务，率军“攻捻”，为稳固清朝的统治立下汗马功劳。尽管出山很晚，左宗棠仍然战功赫赫，而他最卓越的军功则是他六十四岁时立下的。

塞防与海防之议

新疆是我国陆地面积最大的省份，古代属于

左宗棠致曾国藩战报

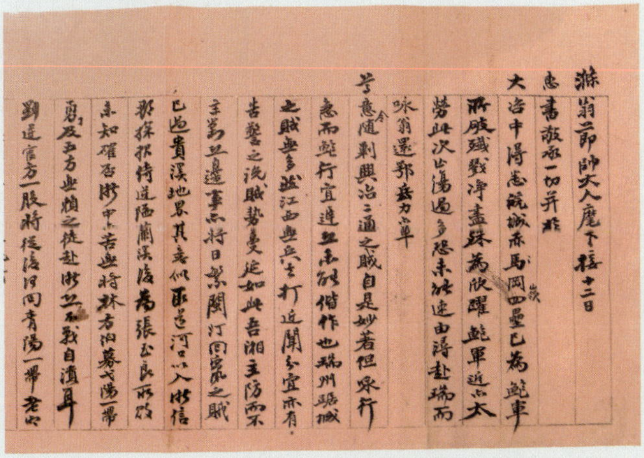

湖南湘阴左宗棠故居

西域。这片广袤的土地处于亚欧大陆中部，是我国由陆路通往西方的必经之地，大名鼎鼎的丝绸之路穿行其间，战略位置极为重要，所以汉武帝时期，就有张骞出使西域。西汉时设立西域都护府，正式确立了对西域的统治。但是，后续的王朝并不能对西域施行持续而强有力的控制，具体的地方管理仍有赖于民族首领。这种情况下，中央政府该如何对此地进行有效的行政管理？这个艰巨的任务最终由老将左宗棠完成。

其实，爱国诗人龚自珍早在嘉庆年间就提出新疆建省之议。他明确阐述了新疆分裂叛乱的危害及大一统的重要性，指出新疆领土一尺一寸也不能丢。无独有偶，率兵出关镇压乱军的扬威将军长龄，也在道光十二年（1832年）奏请在南疆各城设立文职官员，以加强朝廷对新疆的统治。

同治四年（1865年），中亚浩罕汗国的阿古柏入侵新疆，至同治十年已侵占了吐鲁番、乌鲁木齐与玛纳斯等城镇。沙俄趁机在同年出兵侵占伊犁，西北边疆局势十分危急。此前，清朝政府对西北局势严重性的认识远远不足，最初还幻想寻求妥协。当得知沙俄“代为收复”伊犁后大为震惊，在调兵收复乌鲁木齐时更是手忙脚乱。

同治十三年，当清军终于在嘉峪关集结完毕，准备入疆之时，东南海疆突然爆发危机。日本以琉球船民在台湾遇难为借口，悍然发兵侵犯台湾。一面是西北告急，一面是海疆空虚，这让清政府顿时左支右绌。当时，主持东南海防的官员建议暂缓西北进军，而主持西北边防的官员则持相反意见，朝堂上由此爆发了“塞防”与“海防”之争。

在众多大臣建议优先海防时，左宗棠力主收复新疆，主张海防、塞防并重。他对新疆早有关注，将新疆视作国家西北的屏障，认为其安定与否关乎国家安危。在军事策略上，左宗棠提出应迅速出兵新疆，并率先收复迪化（今新疆乌鲁木齐），再收复伊犁，采取“先北后南”的策略。所

晚清新疆莎车县

幸清廷接受了左宗棠等人的主张，于光绪元年（1875年）任命左宗棠为钦差大臣督办新疆军务，要他“速筹进兵，节节扫荡”。

有史书记载，左宗棠此行是把自己的棺材装在车上西征。当时左宗棠已是六十三岁高龄，依旧披挂上阵，远赴西域，此等悍勇在清末官场上实属难得。

“红顶商人”胡雪岩

胡雪岩与左宗棠结交后，因辅佐有功，获赏黄马褂，戴红顶子，成为清朝赫赫有名的官商，俗称“红顶商人”。

故土新归

在军费有限的情况下收复遥远的边陲，谈何容易？左宗棠为收复新疆进行了大量准备工作，除了整合军队外，最重要的就是筹集出关清军的饷银和军粮。在“红顶商人”胡雪岩的帮助下，完成了筹款、筹粮两项艰巨的任务后，左宗棠贯彻了“先北后南”的军事策略，于第二年七月，率先夺回乌鲁木齐，随后荡平北疆。同时，左宗棠又根据物资的运送情况和天气等因素，采取“缓进急战”的打法，避免战争日久耗费巨大。

进入南疆后，左宗棠表示不要急于进兵，后来，左宗棠的部下刘锦棠率兵迅速收复数城，阿古柏败逃。清军多部合击，收复吐鲁番。阿古柏见大势已去，只得自杀，其政权也在当年迅速覆灭。

此时清军已成功收回北疆，打开南疆。这种情形是英国和沙俄政府不希望看到的。其中，英国派使者多次阻挠，劝清朝停止进军，将阿古柏势力认作藩属，企图以此分裂蚕食中国。沙俄也竭力阻挠，但当清军收复乌鲁木齐后，沙俄正忙于土耳其战争，无法出兵干涉。当清军入疆后，沙俄被迫就归还伊犁一事与清朝谈判。沙俄企图割占中国领土，强迁伊犁地区居民，提出索要赔款五百万卢布，在新疆增设七个领事馆等无理要求。

胡雪岩画像

左宗棠对此坚决反对，最终清政府拒绝了沙俄提出的无礼要求，另派曾纪泽赴俄重新谈判。同时，左宗棠兵分三路向伊犁挺进，并亲自坐镇哈密，以示收复伊犁的决心。沙俄闻讯后火速增兵，并向中国沿海地区派出舰队，天津、奉天（今辽宁）、山东等地都处于戒备状态。此时，朝廷召回左宗棠。而刚刚结束土俄战争的沙俄也不想再开战，在听闻左宗棠入京后担心谈判破裂，便在谈判桌上做出了让步。双方最终于光绪七年订立《中俄伊犁条约》和《陆路通商章程》。

次年，沙俄归还伊犁，清政府正式收复新疆全境。光绪十年，刘锦棠被任命为首任新疆巡抚，清朝正式批准新疆建省。“新疆”之名，取其“故土新归”之意。新疆再次成为中国版图上无法分割的一部分，而左宗棠则凭借在西北地区建立的显赫军功直入军机，位极人臣。（王亚楷）

李鸿章与洋务运动

19世纪60年代，在李鸿章等人主持下，清政府聘用外国人才，购买洋枪洋炮，筹办工厂学堂，试图通过学习西方科学技术挽救危局，维护统治，这就是著名的“洋务运动”。洋务运动虽未达成“自强”“求富”的目标，但它对中国的近代化也起到了一定的积极作用。

师夷长技以自强

对于清朝政府来说，19世纪60年代很不太平：南方的半壁江山被太平天国夺去；而英法联军在第二次鸦片战争中竟然打进了京师，咸丰帝吓得逃跑，最后死于行宫。清朝的气数，看起来真的是快到头了。

李鸿章

但从另一个角度看，列强迫使清朝进一步对外开放口岸，允许他们派遣公使驻京，也从客观上瓦解了传统的闭关锁国政策，清朝不得不开始学习与域外世界打交道的方式。而负责围剿太平天国的军事统帅们，屡次借助西方军事装备乃至“洋枪队”之类的雇佣武装作战，更是亲眼见识了“坚船利炮”的巨大威力。

这样一来，从中央到地方，人们渐渐意识到，中国可以通过引进西方先进军事装备的方式，攘外安内，再度中兴。

对“师夷长技”保持开明态度的恭亲王奕䜣在辛酉政变中成为胜利者，他随后领衔上奏的《通筹夷务全局酌拟章程六条折》迅速成为清朝的施政纲领，从而掀起了一场“师夷长技以图自强”的运动。这就是历史上有名的“洋务运动”，也叫“自强运动”。

李鸿章的崛起

洋务运动的发动，固然离不开中枢掌权者的支持，但它的具体落实，更有赖于掌握实权的各地总督和巡抚。后者的典型代表，就是创建湘军、与太平军奋战的曾国藩。咸丰十一年（1861年），曾国藩率先筹办了安庆内军械所——这是清朝开办近代兵工厂的开端。

此时在曾国藩幕府中充当左膀右臂的李鸿章大概没有想到，他的人生正迎来一个巨大的转机。

原来在这一年，逃亡上海的江浙绅商联名请求曾国藩派兵防守上海，以免太平军侵袭。曾国藩本想派他的弟弟曾国荃赴援，但曾国荃一心想攻克天京，无暇分心。于是，这个任务就落到了李鸿章的肩上。借此机会，李鸿章仿照湘军模式，在家乡安徽招兵买马，组建了另一支团练武装——淮军。从此，李鸿章开始自立门户，独当一面。

当时的上海是中国最大的通商口岸，也是财富聚集的中心。驻扎上海期间，李鸿章多次与外国雇佣军并肩作战，近距离观察到了西方军事装备的厉害。抵沪不到一年，李鸿章的淮军便换上了洋枪洋炮，后来还聘请外国军官充任军事教练。

这些举措不仅令中国军事近代化进程迈出了重要一步，也给李鸿章后来的众多洋务事业积累了宝贵的经验。

自强与求富

李鸿章有一句名言，叫“练兵以制器为先”，他认为要掌握军备的主动权，光靠从洋人手里买是不行的，非得自己建立兵工厂不可。他从淮军军饷中拨出经费，先后建立了三所洋炮局。同治四年（1865年），李鸿章升任两江总督，在曾国藩的支持下，他收购了美国人在上海虹口的旗记铁厂，将它与原先设在上海的两个洋炮局合并，创立了江南制造总局。

与曾国藩的安庆内军械所不同，江南制造总局并非手工制造武器的军工作坊，而是完全采用近代生产方式的新式工厂，同时它也是整个洋务

总理各国事务衙门

总理各国事务衙门，初称总理各国通商事务衙门，简称总理衙门、总署或译署，为清政府办理洋务及外交事务、派出驻外国使节，并兼管通商、海防、关税、路矿、邮电、军工、同文馆、派遣留学生等事务而特设的中央机构。

在总理衙门中议事的官员

李鸿章与英国政要

河北保定直隶总督署

保定直隶总督署是现存唯一一所保存完整的清代省级衙署。

河北保定直隶总督署内部

直隶总督是清朝九位最高级别的封疆大吏之一，李鸿章曾担任直隶总督长达二十五年之久。

运动过程中规模最大的军工企业。

同治九年，李鸿章从曾国藩手中接过直隶总督的大印，并于其后兼任北洋通商大臣，成为主持外交、关税以及兴办工业等一众“洋务”事宜的实际总负责人。在这个位置上，李鸿章一待就是二十五年。

职务的变化，促使李鸿章从更具战略高度的视角思考洋务运动的方向。他已经意识到日本崛起对中国的威胁，意识到“制器”不能仅限于制造枪炮，还需要建立一支强大的舰队，来拱卫中国东部绵长的海岸线。

这项督办北洋海防的使命，耗去了李鸿章在直隶总督兼北洋大臣任上的绝大部分精力。他斥巨资从国外购船，包括后来鼎鼎有名的“定远号”“镇远号”和“济远号”等新式舰船。

经过重重努力，光绪十四年（1888年），北洋水师正式成立。这支装备先进、规模庞大的水师由二十多艘军舰组成，并通过旅顺口、威海卫两个海军基地牢牢把守着渤海湾要害，由此拱卫京师。自鸦片战争以来屡战屡败的清朝武装力量，似乎终于有了点起色。

不仅如此，李鸿章掌管洋务以后，洋务实践还从军工生产扩大到民生日用领域。他先后参与筹办了轮船招商局、开平矿务局、电报总局和上海机器织布局等企业。这表明李鸿章等洋务派的诉求已经由单纯的“自强”扩大到“求富”。

同治十年，李鸿章支持容闳等人率一批幼童赴美留学，系统学习西方先进科学技术知识。这批中国近代最早的公费留学生中，后来走出了大工程师詹天佑、民国内阁首任总理唐绍仪等若干卓越人才。

李鸿章的洋务运动虽然始于“唯装备论”的“师夷长技”，但它对中国近代化进程的影响，却远远不止于此。

纸糊的老虎

然而，热闹一时的洋务运动，最终却未能挽救清朝的颓势。

因为这场运动专注于从器物层面学习西方，而在制度乃至思想文化领域仍然抱残守缺。这种“治标不治本”的“拿来主义”，使得洋务运动从

金陵制造局

同治四年，李鸿章将英国人马格里主持的苏州洋炮局迁至南京，在南京创办金陵机器制造局，同年更名为金陵制造局。

安徽合肥李鸿章故居

同治年间，李鸿章及其兄弟在家乡广置房产，当时李家的深宅大院可以覆盖半条大街，人称“李府半条街”。

一开始就存在严重的先天不足，也极大地制约了它的后续发展。

比如说，洋务派创立的若干兵工厂乃至民用企业，虽然引进了先进的西方生产力，然而在经营方式上，却采取“官办”或“官督商办”，仍然用清朝那套僵化腐败的权力关系凌驾于近代企业的生产管理之上，以至于官民争利、任人唯亲等弊端层出不穷。先进的科学技术，显然治不了这些盘踞在制度与人际网络中的毒瘤。

而在当时的官场中，洋务派也面临着难以想象的巨大阻力。作为一个大权在握的汉族功臣，李鸿章一面被清朝统治者倚重，一面又得不到他们的真心信赖。而在他最为看重的海防事业上，朝廷提供的财政支持也常常不能到位。起初，朝廷许诺每年以四百万两白银预算支持北洋水师建设，但施行起来，李鸿章拿到手的银子只有几十万两。过了几年，朝廷连这笔虚拨的预算数目也懒得支应了。不仅如此，为了给慈禧太后祝寿，朝廷花钱重修颐和园，也要从海军经费里克扣，令水师建设雪上加霜。

光绪十七年（1891年）以后，朝廷干脆彻底冻结了北洋水师的经费。而从北洋水师成立以来，这支所谓的“亚洲第一舰队”，就再没有添置过一艘舰船。没有经费维护更新，再先进的舰船也只能沦为中看不中用的摆设。那时距离甲午战争中北洋水师覆灭和洋务运动破产，只有不过三年时间了。

据说李鸿章晚年曾回顾自己的一生说：“我办了一辈子的事，练兵也好，海军也罢，都是纸糊的老虎，何尝能实在放手办理？”这话固然有为自己的过失开脱的嫌疑，然而这位洋务运动的领袖却也一语道破了晚清朝廷应对危机的基本态度与策略，名曰“自强”，其实不过苟且应付。（徐　立）

安徽合肥李鸿章墓冢前石像

临终诗

［清］李鸿章

劳劳车马未离鞍，临事方知一死难。
三百年来伤国步，八千里外吊民残。
秋风宝剑孤臣泪，落日旌旗大将坛。
海外尘氛犹未息，请君莫作等闲看。

台湾近代化先驱刘铭传

光绪十一年（1885年），刘铭传在完成抗法保台的战役后，出任台湾省首任巡抚。他在六年任期中，积极推动兴办铁路、强化军备、整顿税赋等各项政策，为台湾的近代化奠定了良好的基础。

胸怀大志

道光十六年（1836年），刘铭传生于合肥西乡（今安徽肥西）大潜山麓。因他是家里六个孩子中最小的，所以乳名叫小六子。他幼时因得过天花，脸上留下了“陷斑”，成了一个麻脸，哥哥和同乡人都戏称他为“六麻子”。对此，他从不生气，反而应答干脆，日后身居高官要职也坦然承认，毫不避讳，可见其胸怀之豁达。他还曾在自绘的梅花图画上题诗自嘲：“圈圈点点又叉叉，顷刻开成一树花。若问此花何人画，大潜山下刘六麻。”

刘铭传

刘铭传虽然是个麻脸，却长得天庭饱满、鼻隆额宽，一双大眼睛炯炯有神，声如洪钟震屋梁，加上他性格泼辣、身手敏捷、体格魁梧，给人一种强大的威严感。由于在打架或玩战争游戏时，刘铭传总是得胜，同龄的小伙伴都对他有些敬畏。

刘家希望他们这个小儿子日后能出人头地，就送他到家族私塾中读书。刘铭传对四书五经兴趣不大，但对医药、兵家、风水、占卜、五行、舆地及经世致用之学都学得很起劲。他尤其喜欢阅读兵书，青少年时期的刘铭传就认为，一个真正了不起的兵家，应把如何治理国家列为根本问题进行思考，治兵带兵只是理政强国的手段而已，本末不可颠倒。由此可见，他对事理轻重的把握，已然跳脱出一个乡野莽夫的视野，展现出胸怀大志的苗头。

骁勇善战

咸丰九年（1859年）秋，在安徽境内势如破竹的太平军，攻打到合肥县官亭一带。为响应地方官府的号召，刘铭传率自家团练奋力厮杀，使太平军的攻坚首次受挫。事后，刘铭传获得千总之职和五品顶戴，从此开启了自己的军旅生涯。

咸丰十一年冬，李鸿章奉命回乡招募、编练淮军。在李鸿章的召见嘱托下，刘铭传精心挑选宗族子弟五百人，组成“铭字营”，并入淮军编制，开赴上海与太平军作战。此后，刘铭传转战

淮军“铭字营”制服

各地，在平定太平军与捻军的作战中立下赫赫战功。李鸿章就曾上奏表彰："剿捻三年，论功以刘铭传为第一。"刘铭传率领的"铭字营"，也随着战争扩增至一万两千人，分步、骑、炮三个兵种，清一色的洋枪洋炮配备，堪称淮军中首屈一指的劲旅。刘铭传本人则因带头冲锋陷阵，官职一路飙升，从参将、副将、总兵到提督。同治六年（1867年），他更是晋封一等男爵，并获赐"法克精额巴图鲁"的勇士称号。

清代红珊瑚官帽与可以插在官帽上的花翎

蛰居时光

同治二年冬，刘铭传在江苏常州与太平军作战时，额头被炮弹所伤，经多方抢救虽活了下来，但留下了严重的后遗症。每遇阴雨天气，他就头疼眼花，坐卧难安，两足肿胀，举步维艰。但是直到同治十年平定捻军后，他才回乡休养。

多年领兵作战，使刘铭传深知洋枪洋炮的威力。自鸦片战争后，西方列强加快了蚕食中国的步伐，使各地都出现了不同程度的危机。各种不平等条约的签订，使刘铭传深深体悟到，清朝所面临的内忧外患是前所未有的，他认为"御侮"与"变革"，应该是当朝"最急最需"的大事。在休养赋闲的十三年当中，他关心国事，从未懈怠。除孜孜不倦，阅读大量的西方报刊书籍外，更与盛宣怀、薛福成、陈宝琛、徐润等熟悉西洋事务、思想开明的人士交往，从中也受益良多。

刘铭传的见识不但表现在他对变局的高瞻远瞩上，也体现在他日后义无反顾地保台、建台的实践中。刘铭传堪称当时清朝官员中思想最开明、最先进的少数人之一。

抗法保台

19世纪60年代，法国开始在越南中北部不断扩张，制造冲突，并企图以越南为跳板，打开中国云南、广西两省的门户，终于导致中法战争爆发。当时，法国海军威胁清朝政府如不议和，将攻占福州和台湾基隆两个通商口岸。1884年，清廷特诏刘铭传"加巡抚衔督办台湾事务"。

那时的台湾孤悬海外，兵员单薄，粮饷匮乏，海防设备又极其简陋，而且法国舰队已经封锁了南海和台湾海峡的航线。因此，渡海赴台办差不但是件难事，还可能落得个"出师未捷身先死"的下场，就连老上司李鸿章都劝刘铭传力辞这一差事。然而，刘铭传认为家贫出孝子，国难见忠臣，外敌进犯之际，自己岂能明哲保身？于是毅然奔赴台湾。他以金蝉脱壳的方式，巧妙避开了法国舰队的封锁，顺利抵达台湾。不久，法军进逼基隆，占领基隆港，并向基隆城内进军。刘铭刘铭传才气无双，不居人下，故易退难进。守台治台，自有建树。

——《清史稿》

传亲自指挥，对法军发起反击，挫败了法军侵占基隆的计划。

不甘失败的法军，利用和清政府和谈的机会，集结军队再次进攻，基隆危急。另一部分法军猛攻沪尾，威胁台北府城。为保护台北府城，刘铭传决定撤离基隆，移师沪尾。清军占据地利，充分发挥优势展开近战，把法军打得溃不成军，逃回舰上。

为挽回困境，法国侵略者宣布封锁台湾。刘铭传率领全台军民努力突破封锁，沿海各地纷纷协助，将军队和物资运往台湾。与此同时，老将冯子材在中越边境的镇南关大败法军，导致法国茹费理内阁倒台。

在优势条件下，清政府决定见好就收，与法国签订《中法合订越南条约》，承认法国对越南的保护权，保住了台湾。在中国军民的英勇抵抗下，法国侵占台湾的企图以失败告终。刘铭传固守了台北府城，确保了全台湾的安全。

建设台湾

中法战争期间，刘铭传就指出法军并不可怕，日本对台湾的野心才真正需要担心。然而，中法

中法战争期间法军炮轰马尾造船厂

战争最后却以言和而告终，因为海上力量不足，清政府担心会造成台湾危机。抗法保台战役结束后，清朝除积极筹办新式海军外，特别希望好好经营台湾，使它成为中国东南沿海的屏障。

光绪十一年，清廷下诏将原本隶属于福建的台湾单独建省，由刘铭传任巡抚，督办全台事务。刘铭传以强化海防为中心，积极推动台湾军事武备、交通通信、赋税财政等各方面的建设，成为台湾近代化的引领者与奠基者。

刘铭传任职的七年间，为开发建设台湾呕心沥血，引领台湾走上了近代化发展之路。到甲午战争之前，历经近二十年的建设后，台湾发展了自办自建的电报、邮政与铁路，此外，台湾的第一部电话、第一盏电灯，以及容纳大批工人的矿区，也都是在刘铭传任职期间出现的。刘铭传治理下的台湾，堪称晚清时期洋务运动的模范省份。

（孙若怡）

中法战争期间在镇南关督防时的冯子材

镇南关大捷

1885年3月，在中法战争中，帮办广西军务的老将冯子材率清军在镇南关，利用关前险要地形，筑墙挖沟，积极备战，并在战斗中身先士卒，英勇杀敌，大败法军，这就是震惊中外的镇南关大捷。法国总理茹费理被迫引咎辞职。4月，法国陆军和海军全面休战。

镇南关清军布防图

北洋水师

北洋水师又称北洋海军，是中国在近代史上建立的四支海军中实力最强、规模最大的一支。它的建立虽然可被视作中国国防近代化的开端，但其覆灭的悲剧命运也体现了中国军事近代化过程中的曲折与磨难。

旧式水师的漫长谢幕

在19世纪60年代之前，清朝没有真正意义上的海军，所以在此前的历次对外海战中几乎从未取胜过。第一次鸦片战争中，英国总共派遣了五十艘战舰来华，但并未派出最高级的军舰。即便如此，清军的炮台和口岸防线仍显得不堪一击。

当时的清朝官员对海战的想象，仍难脱旧式水师内河作战的模式，面对航向灵活的蒸汽轮船，身处前线的官员们还在计划着用酷似《三国演义》中火烧赤壁式的“火攻船”偷袭。

显然，观念的落后比船炮的弱势更为致命。虽然目击过中英海上实力迥殊的林则徐很快意识到建立新式海上舰队的必要性，也曾购入美国商船“甘米力治号”供清军作为训练模型舰，但他的设想最终在缺少实战经验和外力支持的情况下流于纸上谈兵，“甘米力治号”也毁于战火。

19世纪下半叶，是西方海军从木制帆船向钢铁制蒸汽舰船转变的关键期，军舰动力的升级和火炮技术的进步，都在推动着西方各国海军向近代化迈进。反观此时的清朝水军，仍停留在木制帆船时代。太平天国顺江而下时，为抵挡其攻势，曾国藩创建了湘军水师。湘军水师虽然悍勇，但还是以“荡桨要快舵要稳，打炮总要习个准”为口号，可知其装备和作战方式仍未革新。

清朝水师与西方海军之间的代际差异和国防军备的落后，让那些尚存忧患意识的官员和将领

丁汝昌

北洋水师正式建军后，丁汝昌出任海军提督，负责全局人事、后勤与舰队活动的方针。中日甲午战争爆发后，率北洋舰队护送运兵船赴朝鲜，回程中在大东沟海面遭日本舰队截击，发生黄海海战。战斗中受伤，仍坚持督战。后奉命退守威海卫（今山东威海）。1895年2月，日军海陆围攻威海卫，最后丁汝昌在弹尽粮绝、援军未到的情况下，拒绝投降，服毒自尽。

焦虑万分。据先后做过曾国藩、李鸿章幕僚的薛福成记载，咸丰十一年（1861年），湘军统帅胡林翼率军击败部分太平军并合围安庆后，骑马登高，颇为得意。但当他骑到江边，忽然看到两艘外国轮船驶过，“迅如奔马，疾如飘风”，胡林翼顿时脸色大变，沉默不语，当即勒马回营，途中呕血，差点坠马。胡林翼此前已患疾病，此事之后病情更为严重，数月之后便死于军中。

胡林翼的死因是否真的如此，薛福成并没有提供更多的证据，但他对此事的感慨则道出了当时渴望变革之人的共同心病：击败太平天国已有胜算，但对抗洋人的势力，却任重道远。第二次鸦片战争期间，英法联军舰队直抵天津大沽口，旧式的清军水师依旧没能在抵抗外敌中派上用场，水师改革迫在眉睫。

新式水师的筹备与摸索

见识到外国“船坚炮利”二十余年后，清廷才正式决定建立一支舰队，但其动因却是稳定内政，而非抗击外敌。

以前朝中虽曾有过购舰之议，但因第二次鸦片战争爆发而搁置。曾国藩于咸丰十一年重提购舰一事，指出“购买外洋船炮，则为今日救时之第一要务”，却又因咸丰帝驾崩、辛酉政变而再次延迟。同治元年（1862年）春，太平军在浙江发展迅速，攻占宁波、杭州，上海危在旦夕。主持清朝日常政务的恭亲王奕䜣惊闻太平军欲攻占上海，目的是向外国购置火炮船。如果真让太平军得手，清军水师恐怕难以与之匹敌。因此，清廷赶忙命人筹款购舰，以攻剿太平军。

李泰国

英国人李泰国，是清朝海关第一任总税务司。鸦片战争之后，李泰国的父亲被任命为英驻广州第一任领事，将年仅十岁的李泰国带到中国，并将他培养成了一名“中国通”。晚清时期，李泰国在中国海关工作七年，奠定了洋人帮办海关税务的制度。

购舰一事委托给当时正在英国休假的海关总税务司李泰国，不料李泰国想趁机帮助英国控制清朝海军，擅自任命英国海军上校阿斯本为舰队司令。清廷震怒，令其变卖舰队，并免去他的总

建设中的福州船政局

沈葆桢

税务司之职。此番折腾总计花费白银173.2万两，只收回106.8万两。清朝建立近代海军的第一次尝试宣告失败。

买船有风险，自造有保障，这是清政府从中吸取的沉痛教训。

同治五年，闽浙总督左宗棠奏请创设福州船政局，自行制造兵舰。获准后，他选定闽江之畔的马尾山作为船局地址，购买外国船厂设备、轮船材料、蒸汽机和铁厂设备，聘请外国工程技术人员传授造船技术。为此，他还开设了前后两个学堂，作为学习近海驾驶技术及外语的场所。

左宗棠调任后，船政局转由江西巡抚沈葆桢接手。沈葆桢是林则徐的女婿，颇具才能，在围剿太平军时崭露头角。沈葆桢治厂严明，相传有工人偷了外国工匠的汗衫，沈葆桢斥其丢了中国人的脸，喝令处斩，以儆效尤。

历时两年，福州船政局建成了铁厂、船厂和船政学堂。船政学堂课程广泛，根据学生专业分别授课。学堂还先后从毕业生中选取成绩优良者，派遣出洋深造。他们归国后充任北洋水师各级将领，福州船政学堂因此成为培养中国近代海军人才的重要基地。

北洋水师成军

自同治十年起，日本一直借琉球船民在台湾南部被杀向清廷“问罪”，并于同治十三年出兵攻占台湾，建立都督府。事发后，沈葆桢奉命前往谈判，在英、美、法三国调停下，最后中日双方签约《台事专条》，清朝支付抚恤银十万两和日军在台建房费用四十万两，才换来日本从台湾撤军。

此时清廷才觉察到日本是中国的心腹大患。同治十三年，总理衙门大臣开始讨论海防建设。正在争论不休之际，东南海防危机再现，西北边疆也出了问题。清廷不得不面临两面作战的窘境，大臣们讨论的焦点便转向“塞防”和“海防”孰先孰后。次年，清廷最终决定“塞防”“海防”并重，委派李鸿章和沈葆桢分别督办北洋、南洋海防事宜，每年从洋税厘金（清政府征收的关税）中提取四百万两分

管带邓世昌（二排左四）与“致远号”军舰军官合影

别用于两洋军费。后来，沈葆桢主动提议优先建设北洋水师，而左宗棠于光绪十一年（1885年）突然病故，湘系已无人可与淮系的李鸿章相制衡，清朝海军建设的主要方向就偏向了北洋。

光绪十一年，北洋水师从德国订造的“定远号”“镇远号”两艘铁甲船和“济远号”快船来华。其间，李鸿章奏请以丁汝昌统领北洋水师，改原先三角形水师旗为长方形旗。三年后，“致远号”“靖远号”“经远号”“来远号”四艘快船也从英、德驶回，至此，北洋水师已配备各式战舰二十五艘。同时，以山东威海卫为舰艇驻泊的军港，奉天旅顺口为修造战舰的基地。光绪十四年冬，《北洋海军章程》颁布，标志着中国近代海军制度的不断完善，北洋水师正式成军。

“平远号”军舰

“平远号”是北洋水师首次自行设计建造的全钢甲军舰，也是19世纪末中国造船工业的巅峰之作。图为黄海海战后的平远舰，舰身伤痕累累，用帆布遮护。

“镇远号”军舰

“镇远号”军舰是北洋水师主力舰，也是当时亚洲少见的铁甲巨舰，曾引起日本国民极大恐慌。从此，日军便以北洋舰队为假想敌，展开常态化军备扩充，逐年添置新舰。

清朝先后在装备海军方面投入三千五百万两白银，是洋务运动中最大的一笔投资。仅从建军之初的配置而言，北洋水师的实力就已超过日本海军。然而，这支号称“亚洲第一”的海军却在中日甲午海战中落得个全军覆没的命运。

原因是多方面的。在装备方面，清朝的购舰行动因财政拨款不足而被迫终止，连局部更换舰炮的少量款项也遭到拖欠，这直接造成北洋水师成军后的发展陷入停滞。相反，日本海军的军备扩充常态化，逐年添置新式战舰，在甲午战争前夕，日本海军实力已超过北洋水师。

另外，北洋水师中的腐败也是祸根之一。北洋水师的弹药长期供应不足，有的炮“有药无弹”，有的炮则“有弹无药”。在人员构成方面，清朝聘请外籍顾问出任北洋海军总查，负责北洋海军的组织、操演、教育和训练，但更为倚重留学归国的海军学员。虽然李鸿章明白这批“海归”能力参差不齐，但他也没有别的选择，这就埋下了隐患。种种隐患最终在中日甲午海战时酿成苦果。（王亚楷）

国家譬如人身，人身一弱则百病来侵，一强则外邪不入。

——［美］尤利西斯·S·格兰特

甲午战争与《马关条约》

光绪二十年（1894年），中日之间爆发了近代以来两国的首次大规模战争，历时八个月，最终以中国战败并签订《马关条约》收场。因当年是农历甲午年，这场战争史称“甲午战争”。以甲午战争为分水岭，中国面临更严峻的国内外局势，深陷亡国危机，而日本则一跃成为东亚强国。

心怀鬼胎的“邻居”

进入近代以前，中国在东亚以高度发达的文明辐射影响着周边邻国。虽然历史上日本从中国吸取和借鉴了大量的文化和技术，但它始终不甘位居中国之下。在西方列强染指中国、发动两次鸦片战争之后，日本终于看到了机会。

两次鸦片战争，尤其是第二次鸦片战争的结果让日本举国震动。日本由原来的“慕华”转变为把中国当作反面教材，并开始重视学习西方文明。1868年，日本推行明治维新，制定“大陆政策”，确立了以战争手段侵略和吞并中国、朝鲜等周边大陆国家的对外扩张政策。

一场精心策划的战争

日本“大陆政策”的思路极为清晰，它列出了日本称霸世界的路径，即通过征服朝鲜而征服中国，通过征服中国而征服亚洲，通过征服亚洲而与西方列强平起平坐。这一策略一直延续到20世纪30年代发动的侵华战争。

威远舰铭牌

山东威海刘公岛甲午战争博物馆雕像

1885年，朝鲜发生政变，日本趁机插手朝鲜事务，清朝则以宗主国身份，参与平定变乱。朝鲜内乱平定后，中日两国签订《天津会议专条》，规定两国同时从朝鲜撤兵，若朝鲜再发生变乱，则两国出兵时须相互知照。日本从此与朝鲜的宗主国一样，获得了梦寐以求的出兵权。

1894年春，朝鲜爆发农民起义，朝鲜政府请求清廷派兵协助镇压。日本诱使中国迅速出兵，以便为自己找到出兵朝鲜的借口。当中日两国向朝鲜出兵时，朝鲜政府已接受了起义军的要求，双方休战，内战实际已经停止。当朝鲜请求撤兵后，中国同意，也要求日本如约撤兵。但日本置之不理，反而继续增派军队，并拘禁朝鲜国王李熙，扶持成立了以大院君李昰（shì）应为首的傀儡政府。

当时慈禧太后恰逢六十大寿，朝廷正在筹办“万寿庆典”，担心此时用兵不吉利，且军费支出巨大。同样不赞成开战的还有李鸿章，他不愿意消耗自己一手缔造的淮军，也判定北洋水师不是

上下五千年

日本海军的对手。虽然光绪帝及其老师翁同龢赞成出兵，但无法形成声势。因此当时清政府未在军事上做好准备，只寄希望于外交斡旋。

山东威海刘公岛丁汝昌纪念馆

溃逃的统帅与自杀的提督

1894年7月，日本不宣而战，从海陆两面同时发动进攻：在朝鲜丰岛海面突袭并击沉中国运兵船“高升号”，又在牙山向中国军队发起进攻。8月，中日两国同时宣战，历时八个多月的甲午战争打响。

山东威海刘公岛北洋海军提督署

最初的战场在朝鲜境内和黄海海面。宣战之后，清政府并没有明确的作战方针，李鸿章专注于讲和，增援也久等不到。被任命为各路清军总指挥的淮军老将叶志超，却是一个谎报战果、临阵脱逃的“长腿将军”。此前，叶志超率部支援牙山，还没来到阵前，听闻清军败退，恐与日军遭遇，便率军往平壤方向狂奔一千多里。事后，他把临阵脱逃谎称为牙山告捷，获得重赏。这样一位无勇无谋的将领统率两万人，在日军包围平壤

山东威海刘公岛铁码头

张元济题《翁文恭公遗像》

翁同龢在执掌户部后，不肯拨银给北洋水师。在甲午海战前，他又不顾李鸿章的担忧，极力主张北洋水师参战。

甲午战争中的日本主力舰“松岛号”

在黄海海战中，北洋舰队曾重创日军“松岛号”。

李鸿章

这张照片摄于李鸿章在日本进行《马关条约》谈判期间。

城时竟又想放弃抵抗。看到将领左宝贵登城指挥作战中弹身亡后，他立即命令在城头竖起白旗，令各部迅速撤退，然后率军仓皇逃过鸭绿江。朝鲜半岛就这样失陷了。

战火很快烧到中国境内。这次旅顺基地的北洋舰队成了日军的目标，提督丁汝昌只得应战。“致远号”管带邓世昌在船舰被击中后，下令全速撞向日舰“吉野号”，结果被鱼雷命中，全舰官兵殉难。但军中也不乏贪生怕死者，“济远号”管带方伯谦率舰逃跑，慌乱中撞伤“扬威号”，后者很快被击沉。经过此役，北洋舰队损失“致远号”“经远号”“超勇号”等五艘军舰，死伤千余人。为保存实力，李鸿章急令北洋舰队余部开进威海卫避战，不准出海。

1894年10月，日军从海陆两路向辽东发动进攻，大连守将赵怀业弃城逃跑，日军兵不血刃占领港口大连。旅顺守军统帅龚照屿溃逃，仅剩徐邦道部孤军奋战。11月，日军以重火力轰击旅顺，次日，这座海军要塞沦陷，日军在城内进行了惨无人道的大屠杀。

随后，日舰再从正面封锁威海卫港口，两万日本陆军从荣成湾登陆。威海卫腹背受敌，北洋舰队挤在港湾中进出不得，“定远号”“来远号”“威远号”“靖远号”等军舰很快被击沉。提督丁汝昌拒绝投降，本想沉舰，却被哗变的兵勇所逼，无奈自杀。北洋舰队全军覆没。

威海卫失守后，整个辽东半岛落入敌手。六万大军溃败，清朝龙兴之地沦陷，慈禧太后坐不住了，急命李鸿章赴日议和。

伊藤博文

舌战春帆楼

1895年春，谈判在日本马关的餐馆春帆楼举行。这是一场城下之盟，日本首相伊藤博文和外务大臣陆奥宗光几乎只是让李鸿章在现成的条约文本上签字，但毫无还价筹码的李鸿章仍在努力减轻朝廷的损失。

谈判期间，李鸿章返回住所途中被一个不愿停战的日本暴徒手枪狙击，左眼下部受伤。这一突发事件倒是帮了清朝的忙，日本天皇派遣御医前往马关察看李鸿章的伤情，陆奥宗光陪同伊藤博文也迅速前往探视。此时的日本以文明国家自居，发生这样的事情，怎么向国际社会解释？如果李鸿章借此中断谈判回国，最难堪和被动的当然是日本。李鸿章自然不会放过这一难得的机会，他充分利用日本政府和民众的难堪心理，用绷带包裹着半边脸，只露出右眼，继续谈判，最终为清朝换来日本同意休战。

1895年4月，《马关条约》签订，主要内容有：清朝承认朝鲜“完全独立”；清朝割让辽东半岛及所属诸岛、台湾全岛及附属岛屿和澎湖列岛给日本；向日本赔偿军费白银二亿两；开放沙市（今属湖北荆州）、重庆、苏州、杭州为通商口岸，日船可沿内河经商，日本也可在通商口岸设立领事馆；日本人可以在通商口岸设立工厂，产品免征杂税，货物可设栈寄存。此外还有日军军队暂行占领威海卫，由清政府每年支付占领费五十万两，未交清赔款之前，日军不撤退占领军；释放战俘，以及不得处分降敌分子、释放间谍、赦免汉奸等无理条款。几天后，在俄、德、法等列强干涉下，日本被迫归还辽东半岛，但是又向清政府勒索了三千万两白银作为“赎辽费”。

《马关条约》是《南京条约》以来最严重的丧权辱国条约。《马关条约》规定的巨额战争赔款相当于清朝全年财政收入的三倍，致使政府在加重税收的同时大量举借外债，不得不接受列强苛刻的贷款条件，给予列强掠夺之便。开放南方富庶的四个口岸，使得列强得以顺长江将势力扩展至清朝内陆，为列强攫取资源、倾销商品大开方便之门。

甲午战败和《马关条约》签订的消息使全国哗然，犹如一记响亮的耳光，打醒了不少迷梦中的国人。各地随即爆发出改革政治、挽救民族危机的呼声，开启了近代中国救亡图强的艰难旅程。（王亚楷）

北洋水师提督丁汝昌自尽殉国图

甲午战争议和现场复原

台湾民众的抗日运动

《马关条约》签订后，得知要割让台湾给日本的消息后，台湾民众悲愤万分，誓死保卫家园。日本占据台湾后，台湾民众浴血奋战，在日本人的高压统治下展开了如火如荼的抗日运动。

保卫台湾

1895年（光绪二十一年）4月，清朝因甲午战败而与日本签订《马关条约》，除二亿两白银的巨额赔偿外，还要割让辽东半岛、澎湖列岛、台湾岛及其附属岛屿给日本。

得知要割让台湾给日本的消息后，台湾民众悲愤万分。不但一般人反对割台，官僚、士绅阶层也是一片哗然，纷纷宣称要誓死保台。与其生为降虏，不如死为义民。清朝在台官员唐景崧、刘永福、丘逢甲等组织领导了官方的抗日保台运动。

5月29日下午，日军主力近卫师团在台湾强行登陆，台湾守军在狮球岭战役、基隆战役中相继失败。唐景崧、丘逢甲离开台湾，回到大陆。6月7日，台湾鹿港汉奸辜显荣引领日军进入台北城，日本似乎“成功”地占据了台湾。

唐景崧

乙未抗日

让日军始料未及的是，此后，当日军沿台湾岛西岸逐步由北而南进军时，台湾各地义军前仆后继，与日军展开浴血奋战。

自《马关条约》签订后的春夏之交至秋冬之末，属于台湾民众的武装抗日阶段。因该年是农历乙未年，所以一连串反抗日本侵略的大小战役，统称“乙未战争”。

在唐景崧、丘逢甲离开后，黑旗军首领刘永福成为台湾民

丘逢甲故居

位于广东蕉岭文福镇淡定村，为两堂客家围屋，始建于1896年。丘逢甲祖籍广东，生于台湾。他是光绪十五年进士，曾任工部主事。《马关条约》签订时，正在台湾省亲的他参与领导了最早的抗日保台运动。兵败后他回到广东，定居于淡定村。

上下五千年

春愁

[清] 丘逢甲

春愁难遣强看山，往事惊心泪欲潸。
四万万人同一哭，去年今日割台湾。

众抗日保台的中流砥柱。黑旗军是19世纪后期在广西地区成立、主要由广西壮族士兵组成的一支民间地方武装，因军队指挥官刘永福喜欢用北斗七星黑旗为战旗而得名。黑旗军曾在清末中法战争中取得镇南关大捷，甲午战争中黑旗军奉清政府命令重新编组，仍由刘永福率领，进驻台湾岛。乙未战争中，刘永福被推为军民抗日首领，率黑旗军联合台湾义军，抗击侵台日军，多次粉碎日军的进攻。因为他们的顽强抵抗，侵台日军损失严重，原来快速控制全台湾的计划也被迫推迟。

8月底，乙未战争中最大的正面会战——八卦山之役打响了。

八卦山位于今台湾彰化，是俯瞰彰化城的制高点和拱卫彰化城的天然屏障，形势险要。8月27日，日军开始进攻八卦山炮台及彰化城，抗日义勇军以猛烈的炮火回击。激战一天，日军伤亡惨重，没能获得有效进展。第二天清晨，日军分左右两翼，以强大兵力发起进攻。八卦山上，炮火连天，刘永福的黑旗军、台湾义勇军与日军展开殊死搏斗，最终击溃、击毙日本号称最精锐的近卫师团一千余人，日军少将山根信成死于战场。在这场血战中，义勇军首领吴汤兴中炮牺牲，刘永福部将吴彭年英勇战死。刘永福黑旗军的精锐七星队三百余人也壮烈殉难。彰化地区在这场战役后成为日军控制区。

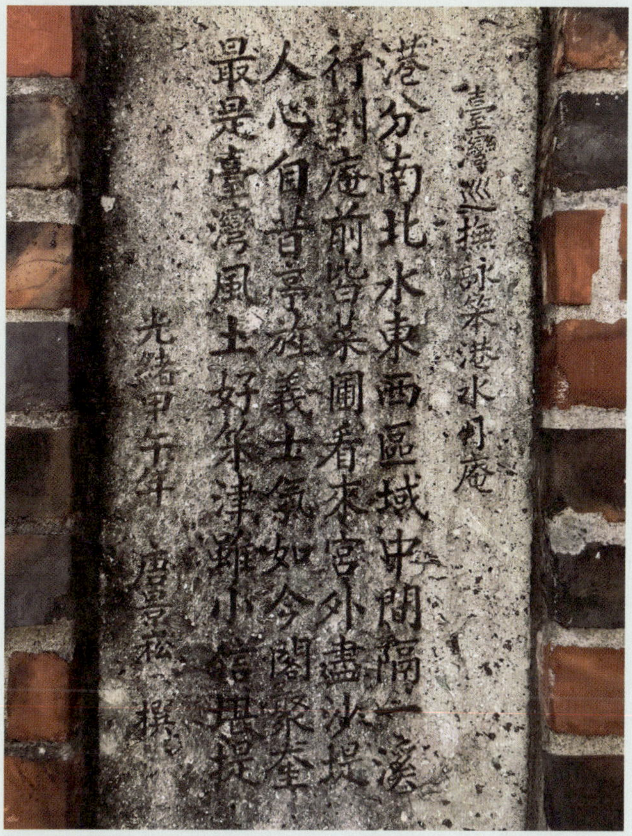

唐景崧题诗

刘永福

千年变局

手持令旗的黑旗军士兵

八卦山乙未保台和平纪念公园

这座公园是为纪念八卦山之役的抗日烈士而设立的。

乙未战争的战场遍及台湾全岛，除了刘永福的部队之外，台湾民众自发组织的民间武装反抗更是此起彼伏。这些抗日义军与日军展开了七十余场激烈战斗，日军遭到了义军游击式的强烈抵抗。当时连妇女、儿童都参与了战斗。女子剪断头发、换上男装上战场，儿童则帮忙运送食物或传递消息。

自明末清初郑成功驱逐荷兰殖民者之后，台湾先民们辛勤拓荒百余年，如今却要把台湾拱手送给日本人，让人情何以堪？为了保卫乡梓不受日本人统治，台湾人民怀抱着“宁愿战死而失台，绝不拱手而让台”的信念，誓死守御。

另外，日军残暴而又狡诈的本质，也是促使台湾民众屡败屡战的重要原因。以嘉义的大莆林战役为例，简精华原为大莆林一位有头有脸的人物，他见彰化八卦山之役死伤惨重，心生畏惧，便听信奸人之言，以为自愿归顺就可平安无事。所以当日军进抵大莆林之后，他杀猪宰羊迎接，不料换来的却是日军残暴的兽行。面对日军的暴行，民众当然只能选择揭竿而起。

日军在台湾各地实行杀光、抢光、烧光的“三光政策”，不但砍杀持有武器的义军，连无辜平民也不放过，街道、村落一律放火烧光。台南的“萧垄”因全庄居民惨遭屠杀，后来庄名改叫“消人”，当时的悲惨状况可想而知。

当乙未战争结束、日军完全控制台湾后，台湾原本繁华的平原丘陵地区几乎成了废墟，血流成河，犹如人间地狱。

“螳臂当车”的尊严

台湾民众历经日本侵略者的血腥镇压，但在

> **天涯**
>
> [清] 丘逢甲
>
> 天涯雁断少书还，梦入虚无缥缈间。
> 兵火余生心易碎，愁人未老鬓先斑。
> 没蕃亲故沦沧海，归汉郎官遁故山。
> 已分生离同死别，不堪挥涕说台湾。

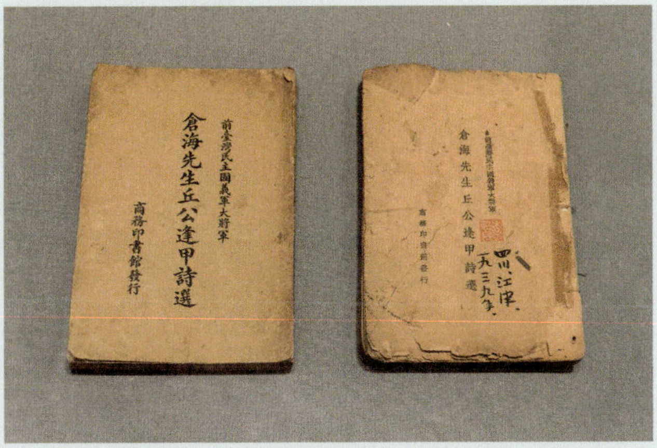

《丘逢甲诗选》

这是台湾同胞抗日史实展中的《丘逢甲诗选》。丘逢甲是近代诗坛的杰出人物，其诗多感慨时事，直抒抗敌卫国之情，风格悲壮苍凉。

日本对台湾实行了实质性的统治之后，民众仍然持续进行了十余年的武装抗日。这种反抗一直延续到1916年，并转变为非武装抗日运动。

从乙未战争到1916年间，日本当局对台湾民众进行了上百次武力镇压。其中在1906年至1909年、1910年至1914年两个阶段中，以武力清剿、镇压台湾少数民族的战况尤其惨烈。在台湾各地的山林野地，日本军警对勇猛反抗的泰雅人、赛夏人以及太鲁阁人，进行惨烈的屠杀。其所到之处，部落的房屋、人畜及作物焚毁殆尽，老人小孩也都不放过。至于布料、家具、农具及饰品等尚可一用的物资，则洗劫一空。之后，更是对所谓“冥顽不灵”的少数民族村庄进行毁灭性的征伐。

台湾民众以简陋的器械农具为武器，凭借山林草丛等地势的掩护，近身肉搏，与敌寇厮杀。面对拥有手榴弹、大炮与机关枪等新式武器的日本军队，他们的反抗简直像以卵击石、螳臂当车。据统计，台湾民众为了生存和尊严而战，直接、间接死亡人数在四十五万左右。

那些或战死、或自杀、或病殁、或饱受折磨痛苦而死却极少投降的羸弱民众，还有他们“其境苦、其情苦、其志尤苦”却视死如归地反抗日本暴政的义行，将永远被铭记。（孙若怡）

西来庵

西来庵位于台湾台南。1915年，这里曾发生武装抗日运动，被称为“西来庵事件”。

> **台湾的非武装抗日运动**
>
> 自1916年4月后，台湾社会中的枪械武器尽被没收，台湾人也认识到自身与日本军、警、宪实力的悬殊，武装抗日的代价实在太大了。此后台湾人民在知识精英的召唤带领下，以自觉的行动力与热情，冒着被逮捕、判刑的危险，不断呼应着祖国大陆反殖民、反帝的革命进程，还坚定地成立不同组织、发展各种类型的运动，与日本侵略者斗争到底。日据时期的台湾历史进入了非武装抗日运动阶段。

郑观应与《盛世危言》

面对清末的社会危局，各界人士进行了不懈努力，处在中西文化交流前沿的洋行买办、实业家、思想家郑观应就是其中的代表。他在重要著作《盛世危言》里提出要实现国家富强，“商战重于兵战”的主张。在民族危机深重的清末，他的救国思想深刻影响了一大批有识之士。

郑观应其人

郑观应

郑观应，本名官应，道光二十二年（1842年）出生于广东香山县。广东是一个中国传统学术与西洋新学交汇的地方，郑观应的家族和同乡亲戚中有很多人在澳门、香港、上海等地经商或担任洋行买办。郑观应的父亲郑文瑞虽然一生任乡塾教师，但是视野开阔，是一位具有急公好义精神的地方绅士。在这种时代、社会及家庭背景下，郑观应从小接受了以儒学为主、兼有西学的新儒商知识。

咸丰八年（1858年），郑观应考秀才落榜，就奉父亲之命去了上海，跟随时任新德洋行买办的叔父郑廷江学习英语，以便日后从事中西商业贸易。

郑观应勤奋、踏实，从杂务做起，不断努力，三十二岁就做到了上海太古洋行的总买办。郑观应的商业才华受到了李鸿章的倚重，李鸿章支持他积极发展民族工商业。光绪八年（1882年），郑观应离开太古洋行，担任轮船招商局帮办。就这样，他走上了向洋人学习商战，再与洋人进行商战的商业救国、强国之路。

宝顺洋行

郑观应于咸丰十年（1860年）成为英国宝顺洋行的买办，他勤修英语，对西方的政治和经济等有了更深的认识。

宝顺洋行

宝顺洋行是19世纪中叶最主要的在华英资洋行之一，主营业务是鸦片、生丝和茶叶贸易，是英资怡和洋行和美资旗昌洋行的主要竞争对手。一家英资洋行之所以取“宝顺洋行”这一中文名称，主要取其“宝贵和顺”的意思。

积金玉以遗子孙，子孙未必能守；积诗书以遗子孙，子孙未必能读；不如积德以遗子孙。

——［清］郑观应

《盛世危言》

到了同治、光绪年间，学贯中西的郑观应撰写了一系列文章。后来他选取部分文章汇编成书，出版了多部文集，其中最重要的就是《盛世危言》。

《盛世危言》一书以“富强救国”为主题，内容丰富，观点新颖，切中时弊，凝聚了郑观应多年以来对中外社会的观察和体悟。全书纵览中外形势，比较中西差异和得失，从政治、经济、司法、教育等各方面，大到国家体制，小到植树造林，提出了一份全面、系统地学习西方社会的纲领。

政治方面，郑观应批评封建政治，推崇西方各国的议院制度，认为议院是“富强之本”。他主张效仿西方政治制度，建立议会，实行君主立宪，同时裁撤冗官，实行官吏公选，将政治在各种媒体上公开，任由朝野评论，如此才能让施政日趋完善。

经济方面，郑观应意识到西方列强对中国的经济侵略，他抨击传统社会“以农为本”的观念，认为“商战重于兵战”，主张以工商业为中心，大力发展现代工

唐廷枢

唐廷枢曾任怡和洋行总买办，后应李鸿章邀请，加入轮船招商局。

《盛世危言增订新编》书影

业，并由民间组建工商业团体。

教育方面，郑观应认为科举制度已经脱离实际，而且扼杀了人们的聪明才智，因此他力主兴办新学，将西方学术引入考试，不拘一格选拔人才，培育具备现代科学技术知识的新式人才。

《盛世危言》刚一出版就引起热烈反响，至光绪二十六年，增订新编本、续编本及盗印本多达二十多种，风行全国，甚至流传到朝鲜、日本等国。中国近现代许多思想、政治领袖人物，都曾受过此书的影响，对《盛世危言》给予了很高的评价。

爱国绅商典范

郑观应一生以经商为主，是一位成功的爱国商人。他经商的范围包括上海、广州、香港、厦门、天津、汉口、重庆、桂林，乃至越南、泰国、新加坡等东南亚各地。在清末的粤、澳、港、沪地区，很多为洋行充当买办的华商沦为洋奴、卖国贼，提倡崇儒重商、学洋以制洋的爱国绅商，实在是凤毛麟角，郑观应可以说是爱国绅士、商人的典范。

五位近代香山商业名人唐廷枢、徐润、郑观应、马应彪、郭乐塑像

严复与《天演论》

清朝在甲午海战中惨败，中华民族被再次推到生死存亡的重大关头。此时，严复翻译了英国生物学家赫胥黎的《进化与伦理》。这本书阐发了达尔文《物种起源》一书中关于生物进化的理论，严复将它译为《天演论》，在翻译原文时加入了许多自己的见解，并在译著里宣传了“物竞天择，适者生存”的观点。《天演论》问世后引起人们的精神震动，产生了巨大的社会反响。

郑观应的父亲约于同治五年（1866年）率子女移居澳门，并于同治十一年买地建成了与子孙共住的“郑家大屋”——郑余庆堂。光绪十一年，郑观应终于从香港太古洋行经济纠纷案及牢狱之灾中脱身，回澳门郑家大屋休养著书。不久，他在邻近的下环街另起炉灶，自立门户，建成名为“郑慎余堂”的大屋。此后，郑观应与妻妾子孙近三十口人，居住在此屋，郑观应就在这里进行了《盛世危言》的撰写与增补工作。

郑氏家族这两处大屋，位于明朝澳门半岛开埠以来的华人居民区，当时这里已被葡萄牙人非法占据。但是，郑观应和大多数爱国的澳门华人一样，坚持既不加入葡萄牙籍，也不以澳葡管治的“澳门人”自居。他一直以中国香山（或其别称“铁城”）人自称，还以爱国学者的立场，撰发诗文，抨击葡萄牙人占据的澳门社会、政治制度黑暗腐败。这与同时期一些违法搞双重身份、“双重效忠”，而实际上卖身投靠葡萄牙的人，真是有天壤之别。

作为早期维新派的代表之一，郑观应成长于新旧思想交替之际，他晚年思想日趋保守。尽管如此，郑观应始终心系国家，不断尝试，将全部热情投入到教育事业中。他在上海创办了招商局公学，为中国航运培养了一大批人才。（谭世宝）

《盛世危言》与上海世博会

《盛世危言》提出了很多非常超前的宏图伟略。例如，受美国芝加哥第十届世博会的影响，《盛世危言》的《赛会》篇中提出学习欧美日诸国的成功经验方法，在上海举办世博会，以达到振兴商务、富民强国的目的。郑观应后来还与别人一起草拟了《上海博览会章程》，当面呈献给会办商务大臣盛宣怀。然而当时的中国根本无力实施这一创举，直到2010年，中国才在上海成功举办了第四十一届世博会。

澳门郑家老屋

康有为与维新变法

在中国近代史上，康有为是个重要而复杂的人物。他广泛涉猎中西学术，形成了自己的思想体系，又将自己的学说假托为孔子的主张，进行“托古改制”。在“公车上书”风潮中，康有为成为维新思潮的舆论领袖并成为“百日维新”的主要推动者。

“南海圣人”的诞生

咸丰八年（1858年），康有为出生在广东南海一个富裕的家庭。他自幼聪颖过人，从六岁起开始接受启蒙教育，熟读“四书”。少年时代，康有为仰慕湘军名将曾国藩、左宗棠挽救清朝的功业，开始对国家命运与政治事业产生浓厚兴趣。

不过，志向远大的少年，往往也有眼高手低的毛病。作为富家子弟的康有为，与同辈朋友流连诗酒，沾染了一些纨绔习气，写八股文的本领却不见长进。十几岁时他连续参加“童子试”，都没能考上秀才。这让他的祖父十分失望，只好花钱为十八岁的他买了一个监生的资格，康有为这才有机会参加乡试。

光绪二年（1876年），十九岁的康有为到省城广州首次参加乡试，结果名落孙山。这次失败让

万木草堂

光绪十七年，康有为租用位于今广州越秀区长兴里3号的邱氏书室创办长兴学舍，培养出大量维新人才，学舍后来以树木喻人，更名为万木草堂。这里被视为戊戌变法的策源地。

康有为

他和家人大受刺激，于是康有为被送到邻乡九江的礼山草堂，拜名儒朱次琦为师。

朱次琦一生居家讲学，拒绝做官。他佩服宋代的程朱理学，提倡“躬行践履”，即把儒家的道德教育贯彻到自己的日常行动中，在当时享有很高的声望。在朱次琦门下的两年里，康有为对中国传统学术有了比较深入的了解。

朱次琦学规严格，对于康有为这种生性不羁的人来说，未免束手束脚。而且朱次琦专讲中国传统修身之学，对国外传来的西洋知识极为厌恶，这种保守态度显然应付不了中西文明碰撞的“三千年未有之大变局”，青年康有为在这个地方注定待不长久。离开朱次琦后，康有为遇到了曾入职军机处的翰林院编修张鼎华。

张鼎华与康有为一样，也是一个颇具个性、特立独行的人物。更重要的是，张鼎华的仕途经历比康有为丰富得多。正是通过他，康有为对清朝政坛风云和最新外交时事有了真正的了解。也是在张鼎华的提携引荐下，康有为结交了不少广东籍在京官员，这可以说是康有为接触政界的开端。

在张鼎华的影响下，康有为开始大量涉猎《西国近事汇编》等介绍西方知识的书籍，并且到英国侵占的香港参观游览。这些阅历让康有为大开眼界，他充分认识到中国的出路不在于闭关自守，必须“开眼看世界”，“向西方寻求真理”。此后他借参加乡试的机会，游历南北名都。目击到世事艰难，康有为更加坚定了学习西学以改革中国的信念。

在康有为关注的西学中，最重要的莫过于欧几里得的《几何原本》。这本西学经典著作，以公理推演的方式展开逻辑推理，为康有为提供了一个构建学术体系的典范参照。在欧氏几何启发下，康有为以他读过的儒书、佛典及西学著作中的知识为材料，从“几何公理之法”出发，用演绎推理的方式，构建了一套乌托邦理论，并称其为“大同”学说。光绪十六年前后，他将这套理论写成著作，最初的标题是《实理公法全书》。

写作《实理公法全书》，促进了康有为思想体系的形成。同时，康有为在著名学者廖平的影响下，开始尊奉《春秋公羊传》，以今文经学的观点支持他的社会改革思想。康有为的思想认识，令他在当时的知识群体中有了很大的影响力。这一年，康有为在广州收了两位才华横溢的年轻学生，一位是学海堂的高才生陈千秋，另一位便是大名鼎鼎的少年举人梁启超。

在这两位弟子的帮助下，第二年康有为开始在广州长兴里万木草堂开堂讲学，听众越来越多。

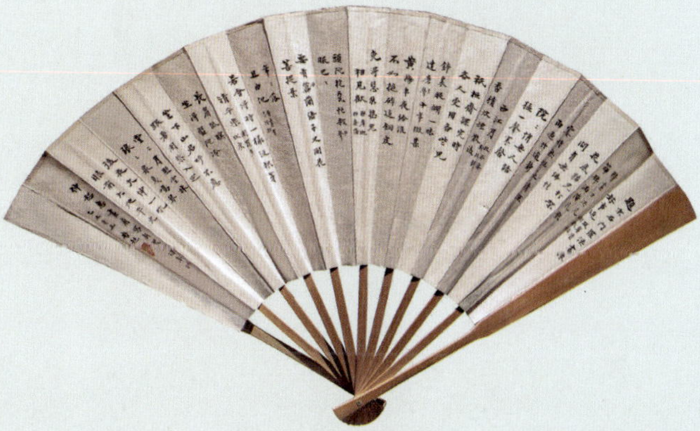

梁启超行书诗跋扇

他大力鼓吹自己对中西学术及时政要事的系统性见解，当时及后世很多人便略带调侃地称他为“南海圣人”。

托古改制

康有为改革的核心诉求是模仿西方政治制度，全面改革中国的政治体制和社会风俗。他知道要让统治阶级内广大保守士大夫接受这种大胆的主张非常困难，于是便以子之矛，攻子之盾，重新解释儒家经典，把保守派奉为正统思想“祖师爷”的孔子装扮成一个锐意改革的形象。为了最有效地达到这一目的，康有为选择把清代经学的今、古文经之争作为突破口。

作为一个典型的今文经学家，康有为攻击官

晚清的今文经学

汉代的儒家经典是用当时通行的隶书写成的，被称为今文经，对今文经籍的研究形成了今文经学。汉武帝时尊崇儒术，经学从此成为中国古代社会文化的正统，其盛衰、分合、争辩，往往与当时的政治相关联。

今文经学不拘泥于儒家经典的章句文字，摒弃繁琐的考据学风，通过阐发经传的“微言大义”，宣扬经世济时的思想，因此成为进步思想家进行变革的哲学。清朝晚期，由于帝国主义国家的入侵，清朝的社会矛盾日益尖锐。有些学者继承今文经学的传统，发挥《公羊传》学说，干预时政，主张变法，今文经学盛行一时，后来更是成为资产阶级改良主义主张变法的重要理论依据。

不过今文经学具有强烈的功利特色，往往会陷入狂妄。比如，康有为在阐发今文经学变革、进化思想的同时，也承继了该学派相沿已久的穿凿附会的弊端，并将其推向极致。

戊戌变法失败后，清代的今文经学也衰败下去。

梁启超

方学说的手段，是将其今文经学立场推至极端。他宣称，只有今文经学尊奉的经典才是经过孔子编定的真经典，而古文经学崇奉的经典，如《周礼》《左传》，都是西汉末年刘歆伪造的冒牌货。刘歆伪造经典，是为了帮王莽篡夺刘氏的天下，所以古文经典都是乱臣贼子的谬论。因为王莽代汉建立的朝代叫“新朝”，于是康有为就把刘歆“伪造”的古文经典称为“新学伪经”。

假如此说成立，那么当时清朝官方钦定的儒家学说教本，便有七八成都要沦为“新学伪经”，而保守派反对变法时所称引的“子曰”“诗云”、祖宗家法，也就失去了神圣性。

不过，既然冒牌经典里记载的内容都不可信，那么该如何了解孔子学说的真相呢？康有为的回答是，孔子之前的历史，都早已茫然无从考证，而孔子作为儒家学派的缔造者，在儒家经典中所称述的尧舜禹汤等上古圣明帝王，也都不是真实的历史，而是以假托古代圣王的方式，讲述自己的改革方案。这样一来，孔子就成了历史上的头号改革家，而后来的康有为自然也有权模仿孔子的方式，将自己的学说假托到孔子头上，进而“改制创教”。也就是说康有为准备按照自己的意见，全盘设计政治改革方案，同时改革中国的儒学。

19世纪90年代，康有为将以上观点，写成《新学伪经考》与《孔子改制考》，公之于世。康有为用这种方式表达政治见解，大胆而激进，结果这两本书都在刊印后不久便被官方下令禁毁。但这种封杀措施反而刺激了人们了解“异端邪说”的好奇心，康有为的影响力进一步扩大。

“公车上书”的舆论领袖

中日甲午战争中，北洋水师全军覆没，这标志着洋务运动的破产，也让清朝朝野人士感受到

康有为行书五言联

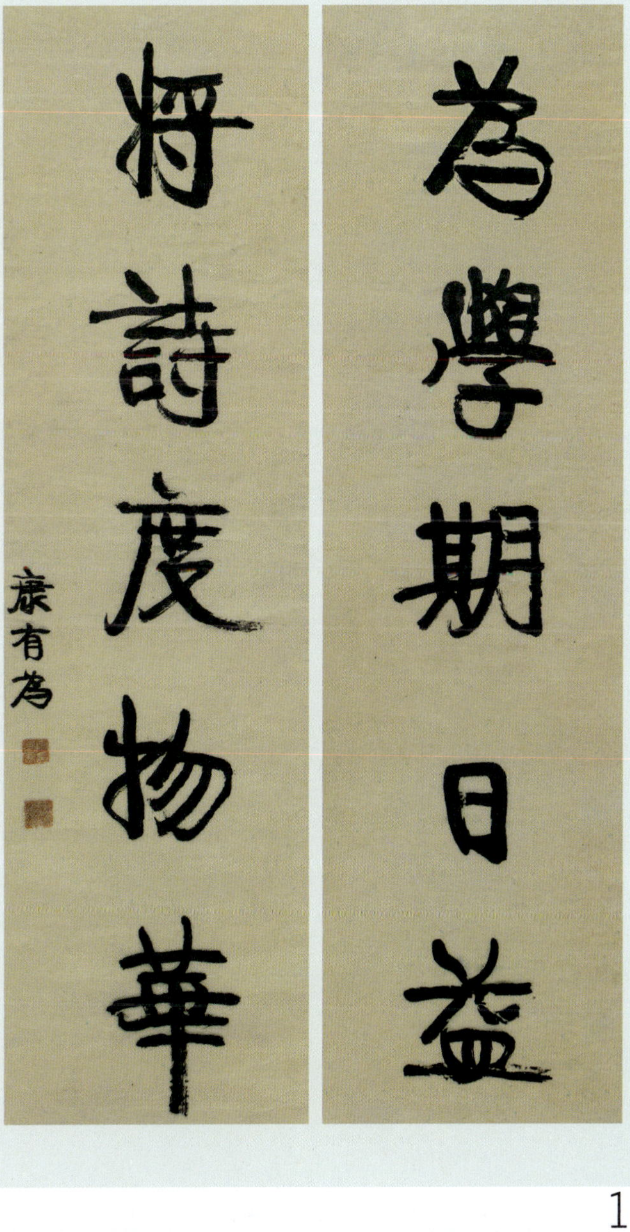

山东青岛康有为故居纪念馆内部

《总理衙门的谒见》
这幅画描绘了“百日维新”前，光绪帝接见外国来使的情形。

巨大的刺痛。作为中国东邻的日本，向来是中国文化的追随者，此时却后来居上，击败了自己昔日的老师，这让士大夫阶层清晰地看到清朝与外界的差距。

于是，维新变法的思潮日益高涨，康有为的主张与当时社会的主流思潮也越发合拍。所谓时势造英雄，康有为正是被这股历史浪潮推上前台，成为它的代言人。

光绪二十一年春夏之间，李鸿章作为清政府全权代表，赴马关与日本议和。与此同时，国内的士大夫们纷纷上书朝廷，呼吁拒绝和谈，要重整旗鼓，与日本一决雌雄，同时要彻底整顿国内政治秩序，参照西方政治制度，富国强兵。

起初，上书抗议的大多为京师官员。恰巧这一年也是举行会试的年份，来自全国各地的举人此刻齐聚于京师。这些知识精英很多都是“拒和、再战、变法”的呼吁者，只是按照清朝制度，举人没有直接向皇帝上书言事的权力，于是他们联名奏疏，将奏折送到负责司法监察事务的都察院，由该衙门的官员向皇帝转呈。光绪二十一年三四月间，上书言事的举人越来越多，以至于形成了一股强劲的风潮，史称“公车上书”。

当时康有为、梁启超师徒也在京师参加科举考试，他们联络了各省不少举人，在宣武门外鞑子桥（后更名达智桥）松筠庵连夜起草了一篇慷慨激昂的万言书，投身到这场联名上书的活动中去。

值得一提的是康有为发起上书的地点——松筠庵，这座小小的庙宇原本是明代著名谏官杨继盛的故居。杨继盛在嘉靖三十二年（1553年）上书参劾当朝权奸严嵩的“五奸十大罪”，很快被捕下狱，历尽惨无人道的酷刑折磨。但他是个宁死不屈的刚直铁汉，据说他在狱中受刑昏迷，半夜醒来后，自己用尖锐的瓷碗刮去伤口上发炎的腐肉，连前来探视的狱卒都大惊失色。但严嵩的党羽仍不放过他，在两年后将其处死。直到严嵩倒台，杨继盛才得以平反，被赐谥“忠愍（mǐn）”，成为天下士人直言敢谏的楷模。杨继盛的故居也

> 治国之有法，犹治病之有方也，病变则方亦变。
>
> ——康有为

被改建成纪念祠堂，成为激励士大夫激浊扬清的精神殿堂。

因此，康有为将“公车上书”的发起地点定在杨继盛故居，用意不言自明。尽管康有为草拟的万言书最后因为种种原因没有被送到光绪帝手中，但他组织的这次士大夫集会，在当时的舆论界仍有相当大的煽动性。

《马关条约》签订后不久，康有为师徒又在上海出版了《公车上书记》，这本小册子对激起全国人民挽救民族危亡的爱国意识发挥了相当大的作用。但其中对公车上书一事的始末叙述不尽合乎真相，以至于今人往往误以为公车上书是由康有为以一己之力发动的。

后来，康有为又发起强学会，创办《中外纪闻》《强学报》等，不仅打破了清朝不准士人结社议政的禁令，而且有力地传播了西方现代知识与维新变法思想。这让他成为当之无愧的维新思潮舆论领袖。光绪二十三年，考中进士、当上工部主事的康有为第五度上书光绪帝，请求变法，终于获得了光绪帝的支持。次年他被光绪帝任命为总理衙门章京上行走，而他的《应诏统筹全局折》也成了指导戊戌变法的纲领性文件。

在康有为的推动下，轰轰烈烈的维新变法运动拉开了帷幕。（徐　立）

山东青岛康有为故居纪念馆

维新志士谭嗣同

“我自横刀向天笑，去留肝胆两昆仑”，在三十三年的人生历程中，谭嗣同以大无畏的勇气冲击着束缚中国人上千年的纲常名教，兴学堂，办报纸，并最终将生命贡献给了戊戌年的维新变法运动，成为“戊戌六君子”之一。

“世家子弟杰出者也”

光绪二十四年（1898年）是农历戊戌年，谭嗣同、康广仁、杨深秀、林旭、杨锐、刘光第六人，因参与维新变法被斩杀于北京菜市口，史称“戊戌六君子”。他们的死，为持续仅百余天的变法运动画上了血腥的句号。

“谭嗣同”三个字，在六君子的名单中显得尤其刺眼。这不仅因为他是六位殉难者中最具革命性的思想家，更因为他深度参与了新政背后波诡云谲的权力斗争，甚至在死前十天，还参与策划了针对慈禧太后的宫廷政变。

谭嗣同，字复生，号壮飞，湖南浏阳人，他的父亲谭继洵官至湖北巡抚。不过，生在官宦之家的谭嗣同，在青少年时代却没享受过几天贵公子的生活。他自幼性格内向而倔强，十二岁那年，母亲徐氏病逝，谭嗣同失去了最亲近的人。更不幸的是，此后谭嗣同的庶母对他百般虐待，并在谭继洵面前搬弄是非，致使谭氏父子关系日渐失和。

谭嗣同

悲惨的遭遇可能让人沉沦，但也可能激发人的斗志，谭嗣同就属于后者。不幸的少年生活非但没有压倒谭嗣同，反而强化了他性格中刚强和反抗的一面，并让他切身认识到传统家庭伦理关系中不合理的一面。

> **维新**
>
> “维新”一词，源自《诗·大雅·文王》：“周虽旧邦，其命维新。”有提倡新事物，反对旧传统的意思，后人常将变旧法而行新政称为“维新”。

谭嗣同长大后，转而将眼光投向社会，积极地寻师问友。在老师欧阳中鹄门下，他结识了唐才常，这是他日后在维新运动中并肩战斗的“刎颈之交”。此外，他还与当时有名的绿林好汉大刀王五结为好友，随其学习武艺。谭嗣同与大刀王五的友谊，不仅显示出他与同时代纨绔阔少的巨大反差，也潜移默化地塑造了潜藏于他性格之中的侠义精神。

光绪十年，十九岁的谭嗣同借赴各地参加科举考试之机，离家出走，开始在全国云游，足迹遍及直隶（今河北）、甘肃、新疆、陕西、河南、湖北、江西、江苏、安徽、浙江、山东、山西等省。所谓“读万卷书，行万里路”，这段经历极大地开阔了谭嗣同的眼界，令他对中国各地的风土人情及现实状况有了深入的了解。

一番闯荡历练下来，谭嗣同的知识与才干与日俱增。谭继洵的同年进士、晚清重臣翁同龢在初次见过谭嗣同后，在当天的日记里记下了对这位世侄的第一印象："谭嗣同，通洋务，高视阔步，世家子弟杰出者也。"

这时已是光绪二十二年，这位杰出的"世家子弟"谭嗣同，很快就要登上维新运动的历史舞台，留下彗星般短暂而浓墨重彩的一笔。

冲决网罗

在谭嗣同的时代，中国所面临的处境可以用"内忧外患"四个字来形容。在国内，清朝刚经历过太平天国运动的冲击，而迫在眉睫的列强"瓜分之祸"，更令人感到焦虑。越来越多的人意识到，中国不仅需要在器物层面向西方学习，还需要在政治制度、社会风俗乃至思想文化层面进行全面深入的变革。

光绪二十二年的谭嗣同

谭嗣同就是这股维新变法思潮中的先驱人物。光绪二十一年，日本通过《马关条约》迫使清朝割让台湾，令谭嗣同大受刺激。从此时起，他便将大量精力投入维新事业，而其着手点则在"兴学"二字，即创办学会，通过引进西方近代知识，研讨历史地理、政制掌故等经世实用之学来开启民智，改变士人泥古不化的风气，用思想启蒙推动社会进步。

谭嗣同先是在家乡浏阳兴办算学社（后改名

千年变局

京师大学堂招生布告

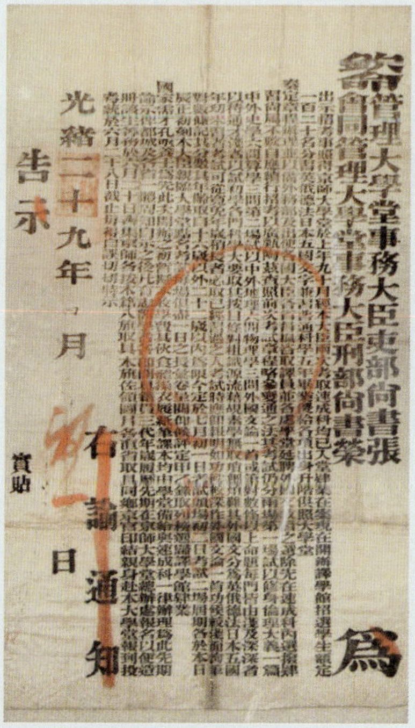

欽命管理大學堂事務大臣吏部尚書張
欽命同管理大學堂事務大臣刑部尚書榮
為
右諭通知
光緒二十九年 月 日
告示
實貼

谭嗣同（前排右一）、梁启超（前排左一）等人被誉为"竹林七贤"

为浏阳算学馆），继而在长沙发起时务学堂，于光绪二十四年在湖南巡抚陈宝箴的支持下创立南学会，并发行《湘报》。其中南学会虽有“学会”之名，却并不止步于坐而论道，而是理论与实际相结合，力行代议政治与地方自治，实际很像湖南一省地方议会的雏形。在谭嗣同等人的努力下，湖南俨然成为全国维新运动的中心。

在为学会事业奔走四方的过程中，谭嗣同结识了梁启超。二人的交流不仅促进了谭嗣同思想的成熟，也让他对康有为师徒的变法事业有了认识，甚至以康有为“私淑弟子”自称。与梁启超频繁切磋学问的同时，谭嗣同完成了维新派的第一部理论著作——《仁学》。

在《仁学》中，谭嗣同不但质疑清朝统治的合法性，而且对君主专制制度及随之产生的“君要臣死，臣不得不死”的政治伦理也深恶痛绝。他大声为个人的“自决之权”辩护，呼唤自由平等与代议制民主的实现。

除了反对政治关系中的“君为臣纲”，在家庭关系中，谭嗣同也极力反对“父为子纲、夫为妻纲”。因此谭嗣同不但是中国近代追寻个体自由的理论先驱，也是一位尊重、同情、理解女性的君子。作为一名官宦子弟，谭嗣同终生不曾纳妾。他与夫人李闰伉俪相得，李闰生的孩子夭折后，谭嗣同没有因为“不孝有三，无后为大”而休妻另娶，反而鼓励这位“慷慨有丈夫气”的妻子走出家庭，做一个对社会有所担当的独立个体。在谭嗣同的支持下，李闰参与创办了上海女

时务学堂总理及教习合影

左二为谭嗣同。

京师大学堂教员在藏书楼前合影

光绪帝朝服像

光绪帝读书像

学会，并出任该会董事，成为近代中国独立女性的楷模。谭嗣同的行为，忠实践行了他自己提出的思想主张。

戊戌风暴

就在《仁学》成书的那年冬天，德军制造胶州湾事件，强占了青岛。民族危难的刺激点燃了本已高涨的变法思潮。1898年年初，康有为上书光绪帝，提出全面的政治改革方案。不愿做亡国之君的光绪帝显然被打动了，6月，清廷颁布《明定国是诏》，正式拉开了维新变法的序幕。

自那以后，光绪帝接连发布一百多道有关变法的诏令，其中一项是赋予臣民上书言事之权。在清朝，只有一定等级以上的高官才有向皇帝上奏的权力。光绪帝将奏事权下放至普通士绅，是为了打通政府决策层与基层社会的隔阂。但奏事权范围的扩大，势必导致奏章的增加，于是政府中枢部门——军机处的人手自然不够用了。

为应对这一变化，9月初，光绪帝召见谭嗣同后，将他与杨锐、刘光第、林旭等四人破格任命为军机章京，专门负责处理新获奏事权的下级官绅所上的条陈。这个任务乍看似乎不太重要，但谭嗣同以江苏候补知府的身份进入枢密重地，在清朝官场实属特例。更何况清朝制度规定，军机处负责拟发谕旨，向来没有单独拆阅、批示奏折的权力。而四位新任章京的工作方式，却是代皇帝先行阅读臣民条陈，并初步拟订批示意见，再呈皇帝参考。这一不起眼的变化，突破了军机处

直隶总督荣禄

荣禄曾表示反对康有为所主张的变法，在扼杀戊戌变法的过程中，他为慈禧太后提供了武力支持。

作为皇帝秘书处的性质，使谭嗣同等人参与决策的实际权力大大增加，甚至超过了居于上位的军机大臣们。谭嗣同显然已经走到风口浪尖。

到这时，变法总共进行了八十多天。在这些天里，维新派“大变、全变、速变”的主张及其对既得利益者的挑战，给他们招来了越来越多的敌人。保守派视慈禧太后为靠山，日夜在她面前诋毁光绪帝与新政，更加剧了帝后之间的嫌隙。

面对慈禧太后一方的巨大压力，康有为等维新派领袖想到了武装政变，即通过拉拢统率新建陆军的袁世凯，借袁世凯手中的兵力包围慈禧太后归政后常驻的颐和园，控制慈禧太后，夺取政权，实现改革。

康有为的这个主意，实在是个昏招。暂且不提袁世凯麾下区区数千陆军能不能在政变中控制局势，维新派虽与袁世凯关系良好，却算不上生死之交。康有为轻易地将冒天下之大不韪的政变密谋寄托在袁世凯身上，暴露了他在政治方面的幼稚。

然而在康有为的坚持下，这个“馊主意”竟变成了维新派的集体共识。谭嗣同自然也卷入其中，而且承担了密访袁世凯并与之谈判的凶险任务。一天夜里，谭嗣同造访寓居京师法华寺的袁世凯，将康有为命他转告的“围园劫后”之策和盘托出，要求袁世凯依计行事。老奸巨猾的袁世凯既未拒绝，也没有一口应承，而是给出了一个模棱两可的回复：立即行动，多有不便，且待下月光绪帝赴天津阅兵时，再发动政变。此后不久，袁世凯就将这个密谋的内容汇报给了他的上司——效忠于慈禧太后的直隶总督荣禄。

至此，维新派打完了他们手中的最后一张牌。谭嗣同与袁世凯会面的次日，慈禧太后突然从颐和园赶回京城。又过了两天，慈禧太后接受保守派的吁求，宣布再次“训政”，光绪帝再度沦为头顶皇冠的傀儡。持续百余日的维新变法运动，彻底宣告失败。

“留将公罪后人论”

其实，袁世凯的告密可能并非慈禧太后发动政变的动因。因为慈禧太后是在宣布“训政”两天后，才逮捕谭嗣同的。如果慈禧是因为得知“围园之谋”而发难，那她必定在第一时间找当事人算账，绝不会拖延。

然而，即使未曾参与密谋，作为打破清朝权力体制、参与变法核心事宜的新任军机章京，谭嗣同也注定会成为被报复清算的首要对象。袁世

> **北京法华寺**
>
> 法华寺位于今北京东城区报房胡同103号。咸丰十年（1860年）第二次鸦片战争期间，恭亲王奕䜣曾在此处与英国人谈判。三十八年后，这座寺庙又见证了谭嗣同与袁世凯那场惊心动魄的密谈。

我自横刀向天笑，去留肝胆两昆仑。
——［清］谭嗣同

凯的告密更是让谭嗣同乃至光绪帝的处境雪上加霜。

从政变发生到清廷抓人有足足两天，谭嗣同原本有充裕的时间逃出生天，但他选择了从容赴死。

被捕前夕，谭嗣同曾在日本驻华使馆与梁启超相会。面对劝他一道逃亡的这位至交，谭嗣同说："世界史先例，政体转变，无不流血，让我来做个领头人吧。你该逃生，我则待死。不有行者，无以图将来；不有死者，无以召后起。"

说完，谭嗣同与梁启超拥抱了一下，旋即飘然远去，只留下一个无言的背影。

1898年9月底，慈禧太后突然发下谕旨，命将康广仁、杨深秀、谭嗣同、林旭、杨锐、刘光第六人"即行处斩"，当日执行。这一死刑判决，未经"三法司"会审及皇帝勾决，本身即是对清朝司法制度的极大破坏。

临刑之际，谭嗣同神色怡然，并留下了著名的绝命诗：

有心杀贼，无力回天。

死得其所，快哉快哉！

谭嗣同的血没有白流，他的死成为唤起改良主义者和革命派的号角，一个波澜壮阔的时代即将到来。（徐　立）

慈禧太后画像

此画由荷兰画家胡博·华士所绘。作画期间，慈禧太后提出了很多要求，经过多次修改，才终于完成了这幅肖像画。

袁世凯奏折

袁世凯上奏《山东试办大学堂暂行章程折稿》，慈禧太后审阅之后，交光绪帝朱批。

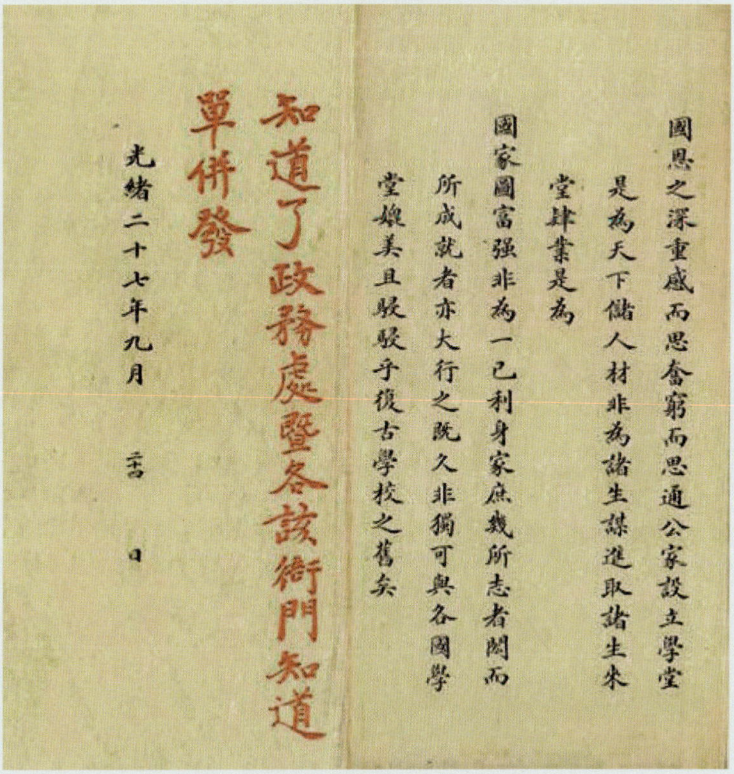
國恩之深重感而思奮窮而思通公家設立學堂是為天下儲人材非為諸生謀進取諸生來堂肄業是為國家圖富强非為一己利身家庶幾所志者閎而所成就者亦大行之既久非獨可與各國學堂媲美且駸駸乎復古學校之舊矣

光緒二十七年九月　廿　日

知道了政務處暨各該衙門知道單併發

香帅张之洞

张之洞是洋务运动的干将，也是晚清政坛中一个令人无法忽视的人物。他在湖北积极开展洋务，提出了洋务派“中学为体，西学为用”的指导思想。作为一个旧式官僚，张之洞在中国近代化过程中扮演着重要却又矛盾的角色。

从清流到封疆大吏

张之洞祖籍直隶南皮（今属河北），道光十七年（1837年）生于贵州兴义。他很早便有“才子”的名声，十五岁时回直隶参加顺天府乡试，一举夺下第一名解元。同治二年（1863年），张之洞进士及第，二十四岁的他位列一甲第三名，也就是“探花”。据说他的试卷本来并不合考官的胃口，被放在三甲垫底的位次，几位考官一番争论之后，他才被列为二甲第一。谁知考卷送到垂帘听政的两宫皇太后面前时，竟很得慈禧太后赏识，被她大笔一挥，拔至一甲第三。

张之洞

慈禧太后钦点的探花，风头甚至盖过了状元和榜眼。张之洞生平对慈禧太后颇怀感恩之念，原因即在于此。

张之洞中进士后，先后供职于翰林院和国子监。这些地方虽然是没有实权的清水衙门，但在光绪初年的政坛上，却有一批以年轻翰林为主力的中低级京官，积极上折针砭时弊，以直言敢谏的面目出现，深得慈禧太后欢心。这些勇于言事的言官，后来便被称为“清流”，其中的核心人物，除了张佩纶、陈宝琛、黄体芳等人，张之洞也是中坚。

光绪七年（1881年），张之洞擢升内阁学士，接着出任山西巡抚，开始了他担任封疆大吏的生涯。两年后，张之洞升任两广总督，光绪十五年调为湖广总督。此后整个光绪年间，除短暂担任两江总督以外，他担任位高权重的湖广总督长达

中学为内学，西学为外学；中学治身心，西学应世事。

——［清］张之洞

十六年，从而使两湖地区成为当时中国近代化变革的一大中心。张之洞号香涛，而清朝人习惯称总督为“帅”，于是“香帅”成了当时人们对张之洞的常见称呼。

“中学为体，西学为用”

张之洞在湖北洋务运动中尤为突出的政绩，是他一手缔造的若干近代工厂，其中最负盛名的莫过于汉阳铁厂。在他的主持下，汉阳铁厂于光绪十六年动工兴建，三年后建成投产。它是中国近代最早的官办钢铁企业，标志着中国钢铁工业的蹒跚起步，有力推动了华中地区工业化基础的奠定。

除了开工厂，办洋务的根本，更在于建立新式学堂，培养适应时代需求的新人才。在湖广总督任上，张之洞筹划建立了一批新式学堂，包括自强学堂、武备学堂、农务学堂、湖北工艺学堂。在短暂署理两江总督期间，他还在南京创办了三江师范学堂。不仅如此，张之洞还向日本大量派遣留学生，促进了新知识和新观念的输入。

此外，张之洞在改革军政方面也投入了很大精力，尤其注重聘请西洋军事教练，按近代军制编练新军。同时，他还积极筹办修建连通北京与武汉的卢汉铁路。

光绪二十年，

梁鼎芬

广东籍人士梁鼎芬，进士出身，原为京城翰林院编修，后转入张之洞幕下，成为其最得力的心腹和高参。他曾协助张之洞创办广雅书院。

京汉铁路汉口大智门东站

光绪十五年（1889年），湖广总督张之洞提议修建北京卢沟桥至汉口的卢汉铁路。后来这条铁路线延长，贯通了北京到湖北汉口，成为赫赫有名的南北大动脉——京汉铁路。

方言学堂校舍

光绪十九年湖广总督张之洞为培养“精晓洋文”的外交人员而创办自强学堂，后改名为方言学堂。“方言”即“外语”之意。

萍乡煤矿

萍乡煤矿也称安源煤矿、萍乡安源煤矿，位于今江西萍乡安源区，是晚清时为配合汉阳铁厂而开采的煤矿。

北洋水师在对日海战中全军覆没，此后，社会思潮的诉求由学习西方的科学技术，转变为学习西方的政治制度，进行政治体制改革。从洋务到维新，可以说是划时代的转折。不过张之洞并没有像李鸿章那样，因为洋务运动的破产而淡出权力中心。第二年，康有为等维新派发起强学会，张之洞立即捐银五千两以示支持；他在总督衙门接见当时还仅仅是举人的梁启超，恨不得大开正门，鸣放礼炮，按迎接钦差大臣的规格招待。张之洞与时髦的维新思潮，一开始走得相当近。

但随着时间的推移，维新派越来越多地公开宣讲民权思想，并对中国传统经学做出大胆的新诠释，这令张之洞感觉到潜在的政治风险，于是开始与维新派保持距离。

光绪二十四年春，张之洞撰写了一本题为《劝学篇》的小册子，分为上下两篇，上篇用来“正人心”，专讲中国经史之学及纲常名教的“体”；下篇用来“开风气”，讨论西方富强之术的“用”。二者结合在一起，就是“中学为体，西学为用”。因《劝学篇》强调以中国传统伦理纲常为根本，戊戌变法失败后，张之洞没有受到牵连。

盛宣怀

清朝将汉阳铁厂改为官督商办后，承办人为盛宣怀。

光绪二十六年，《辛丑条约》签订，一意讨好外国人的清政府转而推行维新派当年提出的改良

甲午战争时期总理衙门大臣合影

方案。光绪二十七年，清政府宣布推行新政后，张之洞继续在两湖地区推进改革事宜。光绪三十三年，张之洞被调至北京任军机大臣，兼管学部，此后他便着手促进中国近代教育制度的建立，直到两年后在任上去世。

汉阳铁厂遗址的凝铁

清末新政的改革领袖

在中国近代化进程中，张之洞是一个矛盾的人物，是一个“一脚朝前，一脚向后”的人物。

张之洞在湖广总督任上苦心经营，为湖北乃至长江中游的工业化提供了物质基础，并且客观上为辛亥革命的爆发创造了条件。革命领袖黄兴是张之洞选派赴日留学的高才生，张之洞一手创立的湖北新军是辛亥革命中首义的生力军，就连武昌革命军的装备和经费，靠的也都是张之洞留下的枪炮和金银。以至于孙中山都肯定张之洞在造就英才、颠覆清朝方面的贡献，说他是“不言革命之大革命家”。

不过，历史人物的动机往往和其行为产生的客观后果并不一致。从《劝学篇》来看，张之洞设想以纲常名教为维新之本，其实仍将维系清朝的统治奉为第一要务。光绪二十六年，张之洞的门生唐才常借援救光绪帝的“勤王”名号发动起义，立即遭到张之洞的镇压。由此可见这位“不言革命之大革命家”本人对革命的抵触态度。

尽管大半辈子都在办洋务、讲维新，可张之洞这位清末的新政主导者骨子里仍然只是个旧式官僚，也许这也是这场改革未能取得最终成功的部分内在原因。（徐　立）

废除科举制度

科举制度是通过考试的方式把读书人选拔出来，作为官员的主要后备人选。“书中自有千钟粟，书中自有黄金屋，书中车马多如簇，书中有女颜如玉。”这些话激励着无数考生跻身科举之路。

自隋炀帝创设科举，科举制度在中国整整绵延了一千三百年，对中国的政治、教育、文化、社会影响巨大。1905年9月，清政府发布“上谕”，宣布“自丙午（1906年）科为始，所有乡会试一律停止”。由此，中国的科举制度正式废除。

汉阳兵工厂

义和团的兴亡

19世纪末，许多面朝黄土背朝天的贫苦农民纷纷聚集在一起，结社练拳，以“义和团”的名义，和进入中国的“洋人”“洋教”拼起命来。他们以肉身之躯，直面西方入侵者的洋枪洋炮，谱写了一曲壮烈而令人深思的悲歌。

> 及遇义和团之变，中国人竟用肉体和外国相斗，外国虽用长枪大炮打败了中国，但是见得中国的民气还不可侮。
>
> ——孙中山

“神助拳，义和团”

在19世纪的最后几年里，一股结社练拳的风潮悄然在中国北部的广大乡村弥漫开来。生活在底层的贫苦农民，在农闲时节，纷纷聚集在一起，舞刀弄枪，习练拳棒。这种拳社最初出现在山东，很快蔓延至河南、直隶、山西等地，甚至进入清朝统治的核心——京津地区。

这些名目五花八门的“神拳”，便是中国近代史上鼎鼎有名的“义和团”。

底层民众的自发集合往往意味着与官府的对抗，在许多方面，清末的义和团都很像此前历代民间秘密结社的翻版。义和团崛起的背景，先是光绪二十四年（1898年）黄河下游决口泛滥，接着又是华北大旱，大量“靠天吃饭”的破产农民被迫涌入帮会讨生活，属于历代“天灾逼出人祸”的重演。与此同时，义和团也带有浓厚的民间宗教色彩。然而，义和团与以前的民间社团有一个巨大差异。与历代“官逼民反”不同，义和团首要的斗争对象并不是清朝官府，而是进入中国的“洋人”和他们带来的“洋教”。

义和团牌

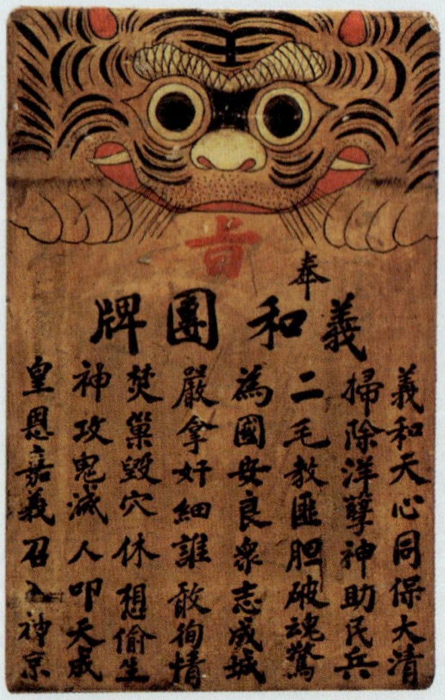

近代中国的教民冲突

鸦片战争以后，基督教在中国得以传播。列强在与中国签订的各项不平等条约中，特别注重维护传教士在华自由传教的权利。然而深入中国各地的传教士们，却未必个个都是良善虔诚的模范基督徒。他们有些人无视中国法律，强占土地田宅，用来修建教堂，有些人还利用不平等条约赋予外国人的治外法权，欺行霸市，实际上扮演了列强深度侵略中国各地的先锋队。而中国的有些地痞流氓，也趁势假装“皈依”基督教，成为传教士包庇下的“教民”。

基督教伴随着丧权辱国的不平等条约，在中国强势登场，对中国传统社会本来就是个不小的刺激，再加上一些不法传教士与当地败类相互勾结，鱼肉百姓，让很多中国群众对洋教恨之入骨。民众与洋教势力发生冲突而导致的“教案”层出不穷，并时常同时引发内政与外交的双重危机。“天津教案”爆发时，受命审理此案的曾国藩严厉惩处了围攻教堂的中国民众。消息一出，举国哗然，百姓纷纷唾骂曾国藩是“吃里爬外”的“软骨头”。这位曾在太平天国运动中挽救清朝命运的“中兴柱石”由此背上巨大的心理负担，不到一年便因病去世。

在义和团兴起前夕，德国强行占领了胶州湾，山东人民在面对天灾之余，又要忍受“洋大人”的荼毒。难怪义和团兴起之时，首先打出的旗号，就是“扶清灭洋”。义和团运动本质上就是此前一系列教案中酝酿的教民冲突的总爆发。

一向以逆来顺受著称的农民阶层，在义和团运动中的积极抱团，同仇敌忾，以武力向洋人、洋教倾泻积怨。他们捣毁教堂，冲击洋人，抵制洋货，以此对抗鸦片战争以来涌入中国的严重破坏了他们正常生活的西方事物。

慈禧太后的如意算盘

秘密结社一直是官府的大忌，何况晚清的教民冲突往往会导致列强以“赔偿损失”“保护侨民”为由，从外交上向清政府施压，攫取更大的利益。因此清政府对反洋教的民间拳社，一向严厉禁止。

义和团的遭遇，起初也不例外。尽管义和团一直打着“扶清”“兴清”的旗号，先后在山东巡抚任上执行镇压政策的毓贤和袁世凯，却一点也不领他们的情。袁世凯因为镇压手段格外血腥，还被时人送了个“袁剃头”的绰号。

八国联军司令、德国人瓦德西

在山东受到沉重打击，义和团在1900年春季后转而向直隶地区发展。尽管清廷仍采取剿杀政策，但席卷华北的各路义和团却越剿越多，大有星火燎原之势。5月，直隶中部三万多名义和团民甚至攻占了涿州城。声势之旺，不仅有超出清政府控制的趋势，也令列强十分紧张。他们派遣联军入京“保护使馆”，给清朝造

拿着写有“钦命义和团粮台”字样旗帜的义和团民

成极大的军事威胁。

就在这千钧一发之际，慈禧太后突然对义和团改“剿”为“抚”，转而承认义和团为合法组织了。

侵华八国联军的队列

八国联军的人数最早是三万，后来增至约五万人。

八国联军士兵

八国联军侵华时攻陷北京城

大刀王五

大刀王五在清末历史上是个响当当的名字。八国联军侵华之际，王五率众积极抵抗，最终在击毙几名洋人后被洋枪击中，不久被枪杀于前门，时年五十六岁。大刀王五被杀之后，洋人将王五的头挂在城楼上，以警告老百姓。他的家人看到这副惨相悲痛欲绝，大哭不已。后来天津武师霍元甲听说此事，连夜将王五的脑袋取下，与尸体缝合之后将他安葬。

要弄清这是怎么回事，还得先从戊戌变法引爆的宫廷政治斗争说起。

慈禧太后之所以出手扼杀维新变法运动，根本原因在于这位手握中国最高权力已超过三十年的太后，不能容忍年轻的光绪帝借推行新法之机摆脱自己对他的控制。而光绪帝锐意学习西法，以求与国际接轨，确实让他获得了西方列强——特别是英、法等国的同情。1900年年初，慈禧太后宣布立端郡王载漪之子溥儁为“大阿哥”，准备用他取代光绪帝，结果不仅手握实权的各地督抚大多不赞成，而且各国公使也一致抵制。

光绪帝因此暂时保住了他的傀儡帝位，但慈禧太后是个权力欲极强的人，西方列强对光绪帝的袒护，成了她揽权路上的绊脚石，也使她产生了极为强烈的仇洋心理。

同样仇洋的还有被洋人坏了好事的载漪、溥儁父子。而废立风波的发生，恰值义和团运动高涨之际。民众的排洋举动，刚好暗合了载漪等人的心思。于是载漪联合军机大臣刚毅等人，大力鼓吹义和团“忠勇有加”“民气可用”。

这样一来，慈禧太后也渐渐动了利用义和团向洋人泄私愤的心思。

庚子悲歌

义和团的反洋举动为列强侵华提供了借口。光绪二十六年，以镇压义和团运动为名，英、美、法、德、俄、日、意、奥匈帝国八国联军武装侵华。

1900年6月，八国联军攻下大沽口炮台，这意味着卫护京师的海上门户已被打开。

与此同时，京城里的满朝文武也在激烈地争论是否应与联军开战。偏巧在此期间，慈禧太后收到了一份列强照会，其中一条内容是“勒令太后归政”。这六个字触动了慈禧太后最为敏感的权力神经，令她怒不可遏，于是以光绪帝的名义，向列强发布了宣战诏书，鼓励“四百余兆人民”对洋人进行讨伐。反对贸然宣战的兵部尚书徐用仪、户部尚书立山等五位大臣，被慈禧太后以“勾通洋人、莠言乱政”的罪名问斩。

慈禧太后当然没有向帝国主义侵略者拼死一搏的骨气，她只是想借义和团向列强示威，借以维持权力而已。就在宣战诏书颁布九天后，清廷又电令驻外使节向其所在国解释，清朝“即不自量，亦何至与各国同时开衅”，并保证“设法自行惩办”参与义和团的“乱民”。

可悲的是被慈禧太后推上前线，以大刀长矛乃至血肉之躯抵挡洋枪洋炮的义和团。自6月中旬以来，京城数万军民分头围攻西什库教堂与东交民巷公使馆，长达五六十天，均未攻下。8月，八国联军攻破北京城门，慈禧太后携光绪帝及部分王公大臣匆匆出逃，而京城中的义和团民却坚持与联军进行了三天的巷战，直至京城彻底陷落。

北京的失守，标志着义和团运动的结束。城破之日，八国联军杀人无数，遇到结伴逃亡的义和团民或中国平民，就将他们逼入死巷子，然后用机关枪扫射，不留一个活口。留守京师的义和团，流干了他们最后一滴血，谱写了一曲壮烈而又令人深思的悲歌。（徐　立）

庚子被祸五大臣

庚子被祸五大臣，又称庚子五忠，是指庚子事变时，因主张不要听信义和团民主张，被朝廷斩杀的兵部尚书徐用仪、户部尚书立山、吏部侍郎许景澄、内阁学士联元、太常寺卿袁昶五位大臣。

徐用仪

立山

许景澄

联元

袁昶

《辛丑条约》的签订

《辛丑条约》是中国近代史上赔款数额空前巨大、主权损失空前严重、精神屈辱空前沉痛的一项不平等条约。它的签订，标志着近代中国在半殖民地半封建社会的道路上进一步沉沦，也敲响了清朝的丧钟。

“两宫西狩”

为了向西方各国倾泻私愤，慈禧太后纵容义和团的仇洋举动，引燃了光绪二十六年（1900年）八国联军侵华的导火索。

1900年8月14日，八国联军向北京城发起猛攻，紫禁城里的慈禧太后急得像热锅上的蚂蚁。她在这天一连五次召见军机大臣们商量办法，然而敌人的大炮几乎已经架在了朝廷门口，还能有什么办法？更讽刺的是，随着时间的推移，应召而来的军机大臣也越来越少，最后一次只来了三位。气得慈禧太后痛哭失声，大骂臣子“没良心”。

事已至此，只好三十六计走为上。次日凌晨，慈禧太后与光绪帝及大阿哥溥俊等人换上一身乡下人的粗布衣裳，手忙脚乱地登上等候在神武门外的几辆骡车，在百余名清兵的护卫下，仓皇溜出德胜门，一路西窜，9月抵达太原。听闻联军要继续西进，他们又吓得一溜烟跑到了西安。

即便如此，清廷仍不好意思承认这是一场“大逃亡”，而是称之为“两宫西狩”，意思是说，皇太后和皇上没逃跑，只是到西边打猎去了。

平日里骄奢淫逸惯了的清宫太后，在穷困破败的华北乡间颠沛流离近一个月，常常是吃了上顿没下顿，委实受了不少苦。但更苦的还是当地的百姓，因为那群名为官军、实为土匪的“护驾”清兵，沿途一路抢劫。清朝皇室被列强赶出京师，狼狈逃窜，还忘不了向百姓抖一抖最后一点皇家威风。

除了为吃喝发愁以外，作为列强心目中煽动民众攻击使馆、屠杀洋人的罪魁，慈禧太后更焦心的难题是如何乞求列强的原谅。为了推卸罪责，她在逃亡途中匆忙颁布“剿匪”上谕，向曾经利用过的义和团举起了屠刀。接着，她又将端郡王载漪、军机大臣刚毅等放任义和团的亲贵重臣当作替罪羊，予以严惩。

接下来，慈禧太后便眼巴巴地等待着谈判代表与列强的交涉结果，指望列强开恩，将她的名字从“惩办祸首”的名单中划去。而她所任命的议和全权大臣，不是别人，正是由于屡次在不平等条约上签字而被举国唾骂为“汉奸”的李鸿章。

李鸿章进京

李鸿章曾经主持过洋务运动，一度是清末政坛上最有影响力的重量级人物。然而《马关条约》签订后，他一度失势，被派往南方担任两广总督。

随着清政府贸然向西方诸国宣战，南方诸省的地方督抚们，都明白这会导致怎样惨烈的结局。于是，在两江总督刘坤一、湖广总督张之洞的率

19世纪末反映瓜分危机的《时局图》

图中熊代表俄国，太阳代表日本，鹰代表美国，青蛙代表法国，狮子代表英国，山东半岛上则插着德国国旗。

领下，东南各省的督抚宣布清廷对洋人的宣战令是义和团挟持下的“矫诏”与“乱命”，拒不执行。同时，他们与列强驻上海领事订立《东南保护约款》，从而维持了各自辖区内的和平。这一事件史称“东南互保”，它对清末民初的政局走向有着极为深远的影响。

李鸿章也是“东南互保”的参与者。当清廷还在疯狂排外时，富有外交经验的李鸿章就已着手与列强斡旋善后事宜了。在1900年8月初接到议和全权大臣的任命时，李鸿章已预料到炮火中的京城肯定是保不住的，因此他并不急于动身，而是在广州与上海拖延逗留，直到10月初才进入京城。

一段颇具戏剧意味的插曲是，李鸿章在广州时，以孙中山为首的革命党曾经尝试过与他联络合作。革命党人说动英国驻香港总督卜力出面，给李鸿章写了一封信，劝告李鸿章以广东、广西两省独立，与孙中山合作，建立一个共和制的中国新政府。

李鸿章为此曾与革命党代表何启接洽数次，这表明他对港督的建议显然是心动的。然而出于种种考虑，他最终放弃了这个扮演“中国之华盛顿”的机会，而是仍旧充当着大清王朝的救命稻草。

1900年10月中旬，李鸿章以议和全权大臣的身份在京师向各国代表提出了中方拟定的议和草案。谁知这个草案，竟被各方一致原封不动地驳回。

原来早在李鸿章北上以前，列强便已为各自的利益吵成了一锅粥。实际上，与其说议和是李鸿章与列强之间的谈判，倒不如说是列强自己召开的分赃大会。

列强的博弈

事实上，就连李鸿章是否有全权代表清政府议和的资格，也成为列强争执不休的问题。当李鸿章还在上海时，很多驻大沽的列强军官便表示，不承认李鸿章的代表资格。如果他敢来，就立刻逮捕，扣为人质。但俄国却跳出来表示反对，并且提议各国立即撤出驻扎京师的占领军，开始与清政府和谈。

俄国这样表现绝不是因为他们有什么好心肠，而是想博取慈禧太后及李鸿章等亲俄派的好感，诱导他们承认俄国对中国东北的独占。英国素来较为支持光绪帝，又唯恐俄国通过与清政府的私下交易变得一家独大，所以反对联军撤出京城，不承认慈禧太后派来的李鸿章有谈判权，坚称“中国立有合例政府”方可开始谈判。言下之意，似乎颇有赶慈禧太后下台、另立亲英政府的打算。

英俄对峙，其他各国也纷纷选边站队。与英国同为老牌殖民大国的法国，志在吞并云南，对英国在两广坐大颇为忌惮，于是力挺俄国。日本作为新晋列强，是与俄国在东北亚角力的劲敌，又对中国东北垂涎已久，自然帮着英国来对抗俄国。德国在占领京师以后，还在继续向中国派兵，想要攻取烟台，进而控制整个山东。所以德国附和英国，甚至鼓吹惩办慈禧太后，以此来恫吓清政府，为他们的扩张开道。中国被瓜分的危机已经迫在眉睫。

在列强瓜分中国的“盛宴”中，美国是一个“迟到者”，但它并不甘心空手而归，于是提出了“门户开放”政策。这一政策主张在“保持中国的领土和行政完整”的前提下，各国对彼此的既得利益与“势力范围”不加干涉，同时在贸易、航运等领域破除壁垒，实行“利益均沾”原则。

“门户开放”政策，有利于美国以经济手段与更早进入中国的列强竞争，也有利于英国与后来居上的日、俄诸国抗衡。至于德、法两国，一直想以“利益均沾”为借口染指英国的蛋糕，而日本也想以同样的借口与俄国抢夺东北。如此一来，除了经济落后、只懂得凭武力侵吞中国领土的俄国，“门户开放”原则成了列强都愿意接受的妥协方案。以此为基础，在华的列强势力维持了较长时间的平衡，中外和议也得以继续进行。

12月底，参与谈判的十一国代表（即组建联军的八个国家，加上西班牙、荷兰、比利时），将他们拟定的十二条《议和大纲》提交给清政府。慈禧太后看到这份大纲里既没有将她列为惩办的

《辛丑条约》签订时的场景

祸首，也没有剥夺她的统治权，简直喜出望外，立即照单全收，无不应承。这份《议和大纲》于是成为辛丑议和的底本。

风烛残年的李鸿章，经过漫长而屈辱的艰难谈判，已是油尽灯枯。1901年，《辛丑条约》签字两个月后，李鸿章在北京病逝。

前去谈判的李鸿章

八国联军占领北京后，李鸿章被清政府任命为“钦差大臣便宜行事”，同各国谈判。这是李鸿章刚抵达英国驻华使馆的情景。

《辛丑条约》

《辛丑条约》的主要内容有：

1. 赔款。中国向各国赔款4.5亿两白银，这个数字的来由是当时中国有4.5亿人口，列强要求中国人民每人赔偿一两白银。此外，列强还要求赔款分39年还清，本息共计9.8亿多两，其间清政府须以各项税收作为还款的抵押担保。

2. 改变外交体制。清政府将总理各国事务衙门改为外交部，位列各部之首。

3. 设立使馆区。京师东交民巷划为外国使馆区，由各国派兵驻守，中国人禁止入内。

4. 削弱国防。清政府拆毁大沽炮台及京师到渤海口之间的全部炮台，京师到山海关沿线据点允许外国驻军。

5. 永远禁止中国人参与任何反帝活动，违者处死。义和团运动中鼓动团民屠洋的大臣分别被处死、流放或革职。

6. 赔礼道歉。要求清廷派遣亲王向德国、日本等国“谢罪”，在德国驻华公使克林德“遇害”处立牌坊纪念等。

和约签订后，慈禧太后欢天喜地，对列强“不侵我主权，不割我土地”的“仁慈”感恩戴德，信誓旦旦地宣称要“量中华之物力，结与国

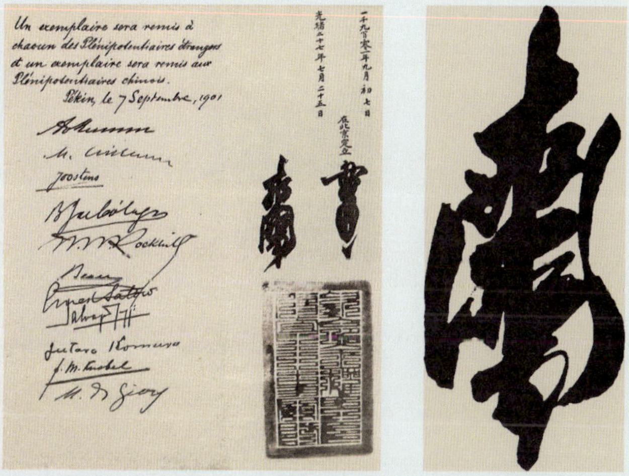

《辛丑条约》签章页与李鸿章在《辛丑条约》上的签名花押

之欢心”，可见此时的清政府已经完全变成了“洋人的朝廷”。

更重要的是，从八国联军侵华到签订《辛丑条约》议和，清政府不仅失去了对京师的绝对统治权，而且在“东南互保”的进程中，也丧失了对地方各省发号施令的权威。这就意味着以慈禧太后为首的朝廷对中国的统治已经名存实亡，清朝的丧钟已经敲响。（徐　立）

革命哲人章太炎

章太炎一生“七被追捕，三入牢狱”，始终不改革命信念，成为中华民国的缔造者之一。他言论惊人，行为狂放，却满腹经纶，桃李满天下，对20世纪的中国学术思想史影响深远。

震动中外的“苏报案”

光绪二十九年（1903年）夏，上海公共租界派出的一群巡捕正匆匆赶往泥城桥（位于今西藏中路一带）福源里的爱国学社，捉拿一批“危险分子”。这年春夏之交，这些人在《苏报》上连篇累牍地刊登鼓吹革命的激进文章，以至于安坐京城的清朝权贵心生恐慌。这些权贵以光绪帝的名义，严令地方官员查禁《苏报》，“拿办”幕后的爱国学社师生，并请求上海租界的外国领事代为逮捕“煽动叛乱”的人。

然而，当这些巡捕闯进爱国学社的账房间时，迎面却只看到一个身形瘦弱、头颅硕大的书生。这个人因高度近视而眯缝着眼，用手指着自己的鼻子，说道 :“余人俱不在，要拿章炳麟，就是我！”

杭州余杭章太炎故居扶雅堂

章太炎

要了解这个其貌不扬的书呆子何以令清政府如此大动干戈，还得先从当时革命派与保皇党的争论说起。

戊戌变法失败后，怀有改良愿望的人们大失所望。接着，八国联军侵华，清政府签订了丧权辱国的《辛丑条约》。至此，清政府的统治丧尽民心。越来越多的中国人开始呼吁结束帝制，建立共和。然而，原先的维新派康有为及其门徒此时却站在了革命浪潮的对立面，公开为朝廷辩护。他们宣称中国国情只适合君主立宪，不适合共和革命；光绪帝是“勤政爱民”的“圣君”，只要从慈禧太后手中夺回权力还政于光绪，中国便万事大吉。

这些说法当然是荒谬的，但在当时，民众对“共和革命”尚不熟悉，却人人皆知“造反杀头”。康有为等人的论调很有市场，并给革命派造成巨大压力。所以，革命派不仅需要“我以我血荐轩辕”的勇士，还需要与康有为旗鼓相当的有识之士，在看不见硝烟的舆论战场上为革命大声疾呼。

章太炎正是可以承担这一历史任务的人物。

为革命大声疾呼

章太炎学名炳麟，号太炎，浙江余杭人。明清时期江南地区本是中国经济、文化的繁盛之地，章太炎又在经学大师俞樾门下学习多年，学术积淀十分深厚。

章太炎为革命呐喊的时机很快到来了。光绪二十九年春，一本题为《革命军》的小册子在沪上书肆间流传开来，其开篇赫然写道：

“我中国欲独立，不可不革命；我中国欲与世界列强并雄，不可不革命；我中国欲长存于二十世纪新世界上，不可不革命；我中国欲为地球上名国、地球上主人翁，不可不革命。革命哉！革命哉！”

作者署名为“革命军马前卒”，其真名叫邹容。邹容热烈倡导革命，与章太炎意气相投。章太炎为《革命军》作序，高度评价邹容的“雷霆之声”。

《革命军》的文字不仅激情澎湃，且通俗易懂，朗朗上口，有利于普通读者接受，而章太炎热情洋溢的序文，则让知识阶层震动颇大。该书的正文与序言，交相辉映，引起广泛反响。

与此同时，章太炎还向舆论界投下另一颗重磅炸弹，那就是对保皇派政见针锋相对进行批驳的公开信——《驳康有为论革命书》。

邹容

康有为吹嘘光绪帝是千载难遇的“圣主”，章太炎反驳道，光绪帝之所以倾心变法，不过是想借机从慈禧太后手中收回权力，他变法后沦为囚徒的窘态，更证明他绝无扭转乾坤的本领。

对于康有为鼓吹的“国朝之制，满汉平等”，章太炎则反驳说，整部清朝统治史都证明“满汉一家”只是表象，“以满驭汉”才是其立国之本。章太炎更雄辩地驳斥了康有为所持的“民智未开”的论调：“公理之未明，即以革命明之；旧俗之俱在，即以革命去之。”

章太炎的驳论，系统地揭露了保皇党与清政府当权者的荒谬与虚伪。

不仅如此，在批驳康有为对光绪帝的幻想时，章太炎更是直斥“载湉小丑，未辨菽麦”。“载湉”就是光绪帝，帝制时代的避讳制度规定，任何人都不许提及君主的名字，章太炎却公然嘲弄光绪帝只不过是个五谷不分的“小丑”，这对慑服于皇权统治两千余年的中国人来说，无异于晴天霹雳！

章太炎的公开信在《苏报》上以《康有为与觉罗君之关系》为题节录发表后，立即不胫而走，满市争传，一时间舆论沸沸扬扬。难怪清政府对章太炎恨之入骨，必欲杀之而后快。

受到英雄般欢迎的囚徒

清政府做梦都没想到，章太炎和邹容竟变成了一块烫手山芋。当清政府向上海巡捕房提出引渡章、邹二人时，列强因担心此举会影响他们在租界内的特权而拒绝，改为由各国领事及清朝官员联合组成会审公廨（xiè）审理“苏报案”。

于是，便出现了这样一幕荒诞情景——堂

会审公廨

会审公廨又称“会审公堂”，是帝国主义国家在近代中国租界内强行设立的司法审判机构。同治三年（1864年）首先在上海，其后在汉口、厦门等地的“租界”内设立。不但中国人和外国人之间的案件，即使是中国人之间的案件，也由租界国的领事或领事所派人员与中国会审官“会同审理”，而且会审官由领事团委任，实际上审判实权操在外国人手中。上海租界的会审公廨是中国租界中建立最早、持续时间最长的会审公廨。

堂清政府，在自身所管辖的一个小小的新式衙门内，控告两名平民“大逆不道，煽惑乱党，谋为不轨”。

以一国政府之尊，在全世界面前要求以言论罪处死两名写文章的人，已经够丢人的了。更丢人的是，作为原告的清政府向法庭提交证据时，章太炎、邹容等人著作中“逆胡”“伪清”“载湉小丑”等字句，竟也被当众宣读。

最后，尽管章太炎、邹容分别被判处三年、两年监禁，可审判的过程也让清政府的野蛮与无能暴露无遗。“革命军”的旗号，此后更是如雷贯耳。这场官司，究竟谁输谁赢，可谓一目了然。

三年后，监禁期满的章太炎走出上海西牢，立即受到英雄般的欢迎。他与孙中山派来迎接他的人坐船去了日本东京，随后加入孙中山领导的中国同盟会，并发挥所长，担起了同盟会机关报——《民报》主编的重任。

“鼓吹革命之文豪”

章太炎的出现恰当其时。当时，康有为的弟子梁启超以《新民丛报》为阵地，鼓吹立宪，反对暴力革命。章太炎在《民报》发文予以批驳，由此展开了革命派与改良派的论战。特别值得一提的是，1907年章太炎在《民报》发表《中华民

由章太炎手书的“缔结民国七十二烈士纪功坊”

国解》，这篇雄文事实上确定了未来中华民国的国号。

清政府因此更为记恨章太炎，不断向日本政府施压，要求封杀《民报》。日本政府为向清政府示好，以换取更多利益，便以“败坏风俗，危害秩序”为借口，下达了对《民报》的封禁令。

对此，章太炎没有丝毫示弱。他第一时间赶到当地裁判厅，向司法部门据理力争。

章太炎对裁判厅长说：“说我扰乱治安，必须有证据。如果我购买手枪，蓄养刺客，或许可以说我扰乱治安。我不过是用笔墨写几句文章，怎么能说我扰乱治安呢？”章太炎继续说：“我所倡导的革命，是革我中国之命，又不是革贵国之命。我写的文章，即便鼓动人、煽惑人，煽惑的也是中国人，而不是日本人，跟贵国秩序有什么关系？跟贵国治安又有什么关系？怎么就妨碍你们了？我有什么罪？”

面对章太炎有理有力的抗辩，日本裁判厅长始终无言以对。这番抗辩虽然没能改变《民报》被封的命运，但中国革命志士的气节却得到淋漓尽致的展现。当章太炎在武昌起义爆发后重新踏上中国的土地时，上海报纸当天刊出的社论，标题正是“欢迎鼓吹革命之文豪”——这个头衔的确实至名归。

章太炎之所以成为“革命文豪”，不仅由于他对政治革命的积极参与，还在于他作为一个极具思想深度的大学者，对20世纪中国的思想革命进程也产生了深远影响。

早在1903年春，章太炎完成了著作集《訄（qiú）书》的修订。这本书是近代中国思想史上绕不开的重要著作，其中收录的文章《订孔》，讨论的主题是重估孔子的地位。章太炎认为，历史上的孔子，并没有后世所推崇的那么伟大。作为一位思想家，孔子的“道术”，不仅比不上老子与墨子，就是在儒家内部，恐怕也不如后来的孟子或荀子，孔子只是古代一位优秀的史学家而已。

在“儒术独尊”的传统时代，孔子被尊为“圣人”，而章太炎率先把孔子从高高的神坛上拉了下来，吹响了那个时代思想解放的号角。

后来，“五四”新文化运动对传统思想发起总清算的旗帜性口号，便是“打倒孔家店”，这五个字无疑是章太炎《订孔》的历史回声。（徐　立）

章太炎晚年手书大篆

四大藏书楼

清代有四座著名的藏书楼，分别是江苏常熟瞿氏铁琴铜剑楼、山东聊城杨氏海源阁、浙江归安陆氏皕宋楼和浙江钱塘丁氏八千卷楼。这四大藏书楼藏品丰富，各有特色，体现了清代藏书楼的最高成就。

以藏品命名的铁琴铜剑楼

铁琴铜剑楼位于江苏常熟古里镇，是清代中晚期常熟瞿氏建立的私家藏书楼。铁琴铜剑楼先后历经瞿氏五代人，收集、保留了大量珍贵文献。

铁琴铜剑楼的前身是它的第一代主人瞿绍基用于藏书的“恬裕斋”。瞿绍基一生无心仕途，醉心书籍，十余年间收藏书籍十万余卷，经他校阅的书也有万余卷。瞿绍基的儿子瞿镛受到父亲的影响，同样酷爱读书，不停地买书、藏书。恬裕斋原有的房屋很快就放不下这些藏书了，不得不扩建藏书楼。除藏书外，瞿镛还喜欢收集、研究金石文字。他在收集金石器物的过程中，收到了一张铁琴、一把铜剑，因此，扩建完成的新藏书楼就被命名为“铁琴铜剑楼”。

铁琴铜剑楼的藏书经瞿绍基父子二人的多方搜集，数量巨大。为了保护好这批藏书，瞿氏后代煞费苦心。瞿氏第三代瞿秉渊、瞿秉清二人生活在咸丰年间，太平天国运动兴起后战乱频繁，为了保护珍贵古籍，兄弟二人将藏书分散储藏到各处，其中一些秘钞本、精校善本等更是北上运送到江苏南通。

铁琴铜剑楼

这次藏书“出楼”，历经三年。后虽再次回到铁琴铜剑楼，但中间也有一些丢失。其中有一批书被寄存主人用旧账册调包，盗窃了数十种偷卖到上海，待到瞿氏兄弟发现时已经无法追回，以至于有些书残缺不全。幸好绝大部分藏书还是被完整保存下来，藏书楼的精华仍在。

为了纪念这次保护藏书的经历，瞿秉清兄弟特邀画家吴灌英绘制了《虹月归来图》。抗日战争时期，瞿氏第四代主人瞿启甲为避免藏书毁于战火荼毒，再次将书籍转运至各处。

中华人民共和国成立后，瞿氏第五代子孙秉承先人遗志，将藏书全部捐献给了国家，宋、元、明善本全部归入国家图书馆，另一部分书籍留存在常熟图书馆。

除藏书外，瞿氏几代人在藏书研究方面也颇有造诣，编制了《铁琴铜剑楼藏书目录》。目录共二十四卷，按四部分类，共收录古籍一千三百余种。一部藏书目录历经瞿氏三代人，前后四十余年，可见其要求之高、质量之精。

铁琴铜剑楼在第四代主人时迎来了一个转折，瞿启甲打破了私家藏书楼藏书不借阅的旧习，对登门求书的读者敞开大门，供其查阅图书，甚至还供应饭食，帮助解决住宿。珍贵的古籍不再是藏品，而成为供人阅读、研究的重要文献。

南北兼具的海源阁

海源阁位于山东聊城，是聊城人杨以增在道光二十年（1840年）建立的。海源阁是可以与南方著名藏书楼齐名的北方藏书楼，其藏书量也居北方私家藏书之冠。

海源阁建立者杨以增是道光二年进士，官至江南河道总督。为官之余，杨以增热衷于收集、购买书籍。日积月累，藏书渐成规模，他便在老家山东聊城建楼藏书。

藏书楼的名字取自《礼记·学记》中的语句：“三王之祭川也，皆先河而后海，或源也，或委也，此之谓务本。”意思是说古代祭祀时先祭河神，后祭海神，比喻做事要追寻本源。

讲求寻本溯源的海源阁还是一座有着双重身份的藏书楼。杨以增在建楼时，曾亲笔书写楼名匾，并题跋讲述建立藏书楼的初衷和“海源”之名的寓意。在跋中，杨以增提及家中先人曾想建家庙，但一直没有实现，于是建立此阁，一方面用以收藏杨氏藏书，另一方面，也将这里作为杨家祭祀祖先的场所。“海源”之意不仅是说读书、做学问要追本溯源，还有着勿忘杨氏祖先荫泽的意思。

海源阁除了本身具有双重身份，它的藏书也是南北兼收，独具特色。海源阁藏书最初多为精良刻本，道光二十八年以后，杨以增任江南河道总督，在人文气息极其浓郁的江南，杨以增如鱼得水。当时江南正值战乱之际，大量私人藏书散落民间，流入市场，杨以增趁机收购了许多江南名家藏书，其中就包括铁琴铜剑楼被人盗卖的书

海源阁所在地——山东聊城东昌古城

千甓亭

千甓（pì）亭是一座典型的书斋式亭园，给人以简雅、清幽之感。院中有方形小厅，后有楼屋三楹，上为“皕宋楼”，原为陆氏藏书之处。陆心源除了是一位出色的学者，还是一位具有进步思想、开放意识的藏书大家。陆氏三座藏书楼之一的守先阁是陆心源专门设立供公众阅览的。早在光绪八年（1882年），陆心源就将阁中四千余种、十一万余卷藏书开放阅览。

海源阁

文澜阁

籍。有了江南名家藏书充实，海源阁的藏书有了数量和质量上的飞跃，一举成为中国北方藏书中心，与铁琴铜剑楼并称“南瞿北杨”。

除江南藏书外，杨以增的儿子杨绍和还收购了一批怡亲王王府藏书，这批书可谓北方藏书珍品。杨绍和是同治四年（1865年）进士，曾在北京任翰林院侍读，他与父亲相同，也热衷于收购精品书籍。慈禧太后发动辛酉政变后，怡亲王载垣被杀，王府落败，数百种宋版书籍散落民间，流入京城隆福寺附近的书肆中，杨绍和趁机购得其中善本百余种。

至此，海源阁藏书不仅有江南精品，而且收入北方王府珍藏，成为当时藏书楼中的翘楚。

令人心痛的皕宋楼

皕（bì）宋楼是浙江归安（今浙江湖州）陆心源所建的藏书楼，以收藏宋版珍本古籍而著称。

皕宋楼主要收藏宋元刊本和名人手抄、手校本，其中宋刊本两百余种，元刊本四百余种。“皕”为双百之意，“皕宋”之名直观地表明楼中收藏着两百余种宋版古籍。

陆心源去世之前曾嘱咐子女要保存好藏书，不能使其散佚。但后来陆家的经济状况十分惨淡，缫丝厂倒闭，钱庄破产，陆树藩创办的慈善事业也负债累累，他已经无力再对皕宋楼进行管理维护。陆树藩萌生了将皕宋楼藏书整体转让的想法。起初陆树藩想将藏书捐赠给有能力建楼妥善管理的机构或个人，他曾找到两江总督端方和上海工部局，也曾登报声明寻找有实力的藏书家，但都未能成功。

后来，陆树藩无奈之下只得将藏书卖给了日本静嘉堂文库。从此，皕宋楼藏书四万余卷离开祖国，东渡日本。

直到现在静嘉堂文库仍是日本收藏汉籍宋元刻本最丰富的藏书所，而其中大部分精华都是皕宋楼藏书。

收藏《四库全书》的八千卷楼

八千卷楼是杭州丁氏的藏书之所。

丁氏家族的藏书史中，曾经有两座八千卷楼。列入晚清四大藏书楼的是后一座，但前一座藏书楼的影响也不容忽视。

第一代八千卷楼的主人是丁国典、丁英父子。丁国典爱书藏书，他仰慕北宋时丁氏先人曾有八千卷藏书的事迹，于是将其在杭州修建的藏书楼命名为八千卷楼。

丁国典建藏书楼不仅是爱书，还抱有对其子孙的殷殷期盼。他希望这些藏书能够惠及子孙，让子孙成为好学爱书之人。丁国典之子丁英受父亲影响，遍读藏书，还经常游走各地，遇到旧时秘藏就马上收购，使得八千卷楼的藏书不断丰富，且大多是珍本，质量较高。

令人遗憾的是，这些藏书在太平天国运动期间损失殆尽。但八千卷楼的历史并未就此结束，丁国典的孙子丁申、丁丙兄弟并未就此放弃藏书事业，他们再次广泛搜集，重建了八千卷楼。在重建藏书楼的过程中，兄弟二人还着力搜集、补抄《四库全书》文澜阁藏书，成为藏书界的佳话，《四库全书》也成为八千卷楼藏书的一大特色。

（郭　炜）

天一阁

除了清朝四大藏书楼，中国古代还有许多著名的藏书楼，其中最有名的就是浙江宁波的天一阁。天一阁始建于明朝，是中国现存最早的古代藏书楼。天一阁在乾隆年间编纂《四库全书》时曾献出珍贵典籍六百余部，在全国藏书家中贡献最大。为此，在《四库全书》编制完成后，清廷特赐天一阁一部《古今图书集成》。而收藏《四库全书》的皇家藏书楼文津阁、文源阁、文渊阁、文溯阁、文宗阁、文汇阁和文澜阁均是仿造天一阁修建的。

宁波天一阁

《八千卷楼书目》书影

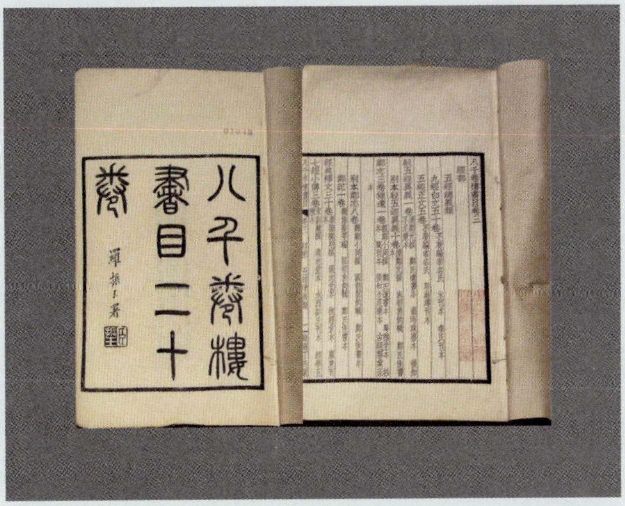

徽班进京与京剧兴起

乾隆五十五年（1790年），为庆祝乾隆皇帝八十大寿，来自安徽的戏班“三庆徽班”被选送入京献艺。这不仅是“徽班进京”这一历史事件的开端，也成为“国粹”京剧诞生的重要推力。同治、光绪年间，京剧表演名家辈出，出现了“同光十三绝”，并深刻影响了晚清以至民国的京剧发展。

“赶火”的徽班

徽班在清朝又称“徽部”，最初由来自安徽安庆、石牌等地的戏曲艺人构成，是主要唱二黄调、梆子腔、吹腔等徽调的地方戏班。徽调从明朝开始在安庆流行，到了乾隆初年已经渐渐在周边地区有所传播，而地处安徽邻省的戏曲之都——扬州，成为徽班发迹的首站。

在乾隆中期以前，扬州城里大多推崇“昆腔”。昆腔是中国古老的戏曲声腔，元代时产生于江苏昆山地区。昆腔的“水磨调”委婉细腻，由于格律严格、文辞典雅，所以被称为“雅部”。与之相对的，是流行于山村乡镇间的“乱弹”，如梆子腔、二黄调、高腔、罗罗腔等。乱弹声腔多样，内容俚俗，听众多来自市井，故被称为“花部”。

起初，唱着二黄调的安庆戏班与其他唱乱弹的戏班一样，没有什么地位。在扬州，更为流行的昆班大多选在春秋两季演出。春季和暖，秋季舒爽，正是设台听戏的好时节，可天气一旦变得炎热，演员与听众都要吃点苦头，因此很少有昆班在夏季出演。这时便是安庆戏班和其他乱弹戏班登场的机会。他们平时大多在扬州城外演出，只有到暑季方能入城，因此也被称为“赶火班”。

“赶火班”的收入和待遇不及昆班，他们的唱腔起初也并不受社会上层人士重视。不过，昆腔虽然讲究文句雅致，对于普通民众而言却难以理解，远不如乱弹那般新鲜明快，也就难免“高处不胜寒”，走向小众。于是，乱弹在扬州逐渐流

沈容圃《同光十三绝》

行起来，成为昆腔的有力竞争者，而安庆戏班成长为其中“色艺最优”的一支，并在乾隆八旬寿诞时迎来了一个直接跨出江南、北上京师的重要契机。

《贵妃醉酒》

《贵妃醉酒》又名《百花亭》，主要讲的是唐玄宗与宠妃杨玉环约好到百花亭赴筵，结果杨贵妃久候唐玄宗不至，原来他早已转驾别宫。杨贵妃羞怒交加，万端愁绪无以排遣，于是命太监高力士、裴力士添杯奉盏，饮至大醉。杨贵妃酒后失态，怅然返宫。经梅兰芳改造后，《贵妃醉酒》成为梅派代表剧目之一。

京剧道具酒壶酒杯

入京献艺

乾隆五十五年八月十三，是乾隆帝的八十寿辰。盛大的庆典活动提前一个月就在避暑山庄开启，直至八月二十才结束。此次寿典规模极大，浙江盐务自然也参与承办，曲艺成为庆典活动的重要内容。时任闽浙总督的伍拉纳借机举荐了徽班“三庆班”进京演出贺寿。

徽戏由于生活气息浓郁、演出形式通俗新颖，受到京城观众的热烈欢迎，献艺结束后，三庆班便留京继续演出。京城是全国戏曲之都，戏园茶馆林立，在徽班之前，已有昆腔、弋阳腔、京腔、秦腔各自争胜。初来乍到的外地戏班要在京城讨生活，必然遭遇人地两生的窘境，但这也是徽班一展身手、开疆拓土的时机。

三庆班留京后努力将自身特色唱腔与京腔和秦腔相融合，以适应和满足本地观众的口味，逐渐在京城站稳了脚跟。进京五年后，这个徽调戏班已经跻身梨园上游。乾隆六十年刊刻的《消寒新咏》是一本“梨园角色品评指南”，其中不仅提到三庆班著名旦角高月官（即高朗亭）和陈喜官，还称徽班已为“京都第一”。

徽班在乾隆末年大兴，以至于“戏庄演剧必徽班”。三庆班之后又有四喜、春台、和春等戏班相继入京，它们在道光年间被称作“四大徽班”，已经逐渐显示出行业领袖的气象。四大戏班各有所长：四喜班擅唱昆曲；三庆班的剧目大多是新排，连日接演；和春班的武打戏最精彩；春台班的少年演员最出色。

徽班剧目中既有“花”部，也有“雅”部，涌现出许多能“花”能“雅”、能文能武的名角。高朗亭、郝天秀、杨天福、米喜子（米应先）等，都有较高的艺术造诣。

高朗亭是扬州宝应人，生于安庆，唱皮黄、习旦角。他当年随三庆班入京，声名鹊起后升至宛然巾帼，无分毫矫强。不必征歌，一颦一笑，一起一坐，描摹雌软神情，几乎化境。

——［清］小铁笛道人

掌班。他的表演精微之至，据说他年过三十后体型变得丰厚，面容有些苍老，可一旦装扮登台，扮起女子仍然惟妙惟肖，颦笑起坐，颇有神韵，常令时人感叹“忘乎其为假妇人”。他四十岁时仍偶尔登台，体态丰腴，好似“半老家婆”，又令观众耳目一新，趣味别生。

另一位名角米喜子，本名米应先，则以汉调出名。他相貌堂堂，气度不凡，因他的“关公戏”最为著名，被后人赞为“活关公”。相传他为了在扮相上更接近关公的“赤面”，要在桌上备一壶酒。在穿好“行头”、勾完脸之后，他坐下用手一直捏揉脑门，快要上场时，又将那壶酒一饮而尽，然后戴上髯口从容登场。按照表演惯例，关公上场时需要以水袖遮面，走至台口时突然落袖亮相。每当米喜子落下水袖时，都会引发观众的惊叹，因为此时恰逢酒劲上来，这位关公面如重枣、凤目长髯，简直如同关帝庙中的塑像活过来一般！米喜子也因此名声大噪，他所饰演的关公甚至被传为“关帝显圣”。这些传闻的真实性早已不可考，但无不显示出当时徽班艺人表演技艺之精深。

徽班进京的推手

徽班进京与发展的成功，离不开徽籍盐商的大力支持。两淮地区是清代海盐的最大产区，是清政府极为重视的财税来源。扬州盐商因海盐获利颇丰，其中又以徽商为最。盐商需要仰仗盐政和地方官吏的关照，地方官员也需要与盐商保持融洽的关系，以保证税收无忧。甚至清朝皇帝也与盐商关系密切。

最有名的例子莫过于扬州盐商江春结交乾隆帝。江春凭借总理盐务，被赐内务府辰苑卿，加至布政使衔。作为一介盐商，江春能够“以布衣上交天子”，不仅得益于他资财丰厚，更重要的是他舍

梅兰芳

梅兰芳剧照

梅兰芳穆桂英扮相剧照

"四大名旦"之首梅兰芳

梅兰芳出身于演艺世家，八岁起师从祖父的挚友、"同光十三绝"之一的青衣演员吴菱仙学戏，年少成名。梅兰芳的演技出神入化，为京剧"四大名旦"之首，因演技精湛和"蓄须明志"的爱国情怀而举世闻名，曾多次赴国外演出。

京剧乐器月琴

得为皇帝和朝廷花钱。乾隆帝六次南巡，江春等人负责为接驾买单，共输送白银一千多万两。江春个人在朝廷遭遇叛乱、灾荒、皇帝太后寿诞时也大方捐款，总数也超过一千万两。这位盐商出手如此阔绰，下面这个"一夜造白塔"的传说恐怕就是由此而来。

相传乾隆帝御驾扬州，游览瘦西湖时见风光与北海的"琼岛春阴"一景颇为相似，便信口说道："只可惜少了一座喇嘛塔。"负责接待的江春并不知晓北海白塔是什么样子，便以重金贿赂乾隆帝身边的太监，请他绘制一幅白塔草图，又命工匠连夜搭造。另有一说则是江春命人连夜搬运大量食盐至湖边，用盐堆砌出了一座"白塔"。第二天，乾隆帝再到瘦西湖时，惊讶地看到一座白塔已经伫立在湖边，不禁感叹盐商财力之强大。如今，瘦西湖仍有一座白塔，虽说并不是那位江春的"杰作"，但盐商巴结讨好朝廷却是不争的事实。

官商之间的利益输送，也不仅仅是斥巨资迎驾一种。盐商为应对官方庆典和重大演出，还蓄养家班，用心搜罗色艺俱佳的旦角，储备献艺人才。盐商的家班花雅并蓄，常不惜重金聘请外地的名伶，以供日后差遣。后来名列"四大徽班"中的春台班即为江春的家班。

盐商是徽班北上的后盾，而官员的撮合则成为徽班进京的东风，推荐三庆班进京的闽浙总督伍拉纳与盐商的关系就极为密切，在任职期间，伍拉纳收受盐商贿赂至少十五万两，后因贪贿问斩。盐商蓄养家班、送京献艺却意外地带来了中国戏曲的革新。

京剧的诞生

徽班的兴盛加速了"花""雅"两部在剧目和声腔之间的交流融合。随后入京与徽班搭戏的湖北汉调艺人以西皮见长，更使得"徽调"与"汉调"进一步合流。大约在19世纪50年代，京剧在继承昆曲、吸收地方戏成分的基础上，以西皮、二黄为主要声腔，以湖广音、中州韵为基准声韵，逐渐从昆曲、徽调和汉调之中蜕化而出，京剧成为独立的剧种。

道光、咸丰之交，表演风格渐趋成熟的第一代京剧演员脱颖而出。被誉为"前三鼎甲"的京剧演员余三胜、张二奎、程长庚均是"四大徽班"的班主，徽班与京剧之间的紧密联系再次得见。此后，各代京剧演员不断探索，又出现了"同光十三绝"和"后三鼎甲"（谭鑫培、汪桂芬、孙菊仙），京剧在表演技法和流派发展上达到了新的高峰。而慈禧太后、同治帝，以及同治、光绪两朝官员对京剧的喜好，直接促成了京剧又一次勃兴。日后京剧在政治、经济和文化等多重因素的影响下，逐步成长为中国近代最具影响力的剧种。（王亚楷）

慈禧太后在湖上拍照游玩

这张照片中慈禧太后扮为观音菩萨，她身后的屏风上写着“普陀山观音大士”，旁边香炉冒出的“烟”也特意做成“寿”字的样子，李莲英等太监、隆裕太后、庆亲王的两位格格、容龄、德龄等人扮成招财童子等角色在她身边配合。

五大臣出洋

在内外交迫的压力下，清政府派遣五位大臣出洋考察政治。考察团成员回国后汇报了考察成果，明确提出了实行君主立宪的主张。载泽的密折，着重指出君主立宪有三大利，解除了慈禧太后对立宪的思想顾虑，决定实行“预备立宪”。

依样画葫芦的新政

光绪三十一年（1905年），清政府派出五名亲贵重臣，赴欧美和日本考察各国政治，史称“五大臣出洋”。在中国与西方打交道的历史上，这还是前所未有的新鲜事。

帝制时代的中国视外国为“蛮夷”，第二次鸦片战争后对外国的称呼被迫改“夷”为“洋”，并开始在器物层面引进西方实用技术，但并未认识到西方制度层面的先进性。如今派遣五大臣出洋考察政治，意味着传统顽固观念的动摇，清廷自强运动到达一个新维度。

光绪二十四年的戊戌变法，由于触动了保守派的既得利益，并引发了光绪皇帝与慈禧太后之间的权力斗争，最终在慈禧太后的铁腕镇压下夭折。此后，重掌大权的保守派抵制革新盲目排外，最终只能吞下八国联军侵华的苦果。为乞求列强的宽恕，慈禧太后不得不签下空前丧权辱国的《辛丑条约》。为了图谋自救，她还于1901年年初实施新政，历史上有名的“清末新政”就此拉开帷幕。

新政的内容极为丰富，包括改总理衙门为内务部，创立现代外交，还有奖励实业、整顿官职、改革学制、训练新军等，几乎涵盖了国计民生的各个方面。这确实极大地促进了中国的近代化进程，只是人们看到其中若干举措，不免觉得似曾相识——在几年前持续了百余天的戊戌变法风潮中，这些举措几乎都被变法派提出过。当年向戊戌六君子举起屠刀的慈禧太后，如今摇身一变，竟成了维新志士们的“同道”。

北京正阳门车站明信片

不过，新政也给清政府带来了新的考验。正像历史上许多近代化改革一样，新政关于器物与设施的变革，逐渐引发了深化政治体制变革的

呼吁。

如果接受近代西方列强普遍采用的立宪政体，便意味着抛弃作为“祖宗成法”的专制统治，这就触及了清朝统治集团的核心利益，所以从慈禧太后到各级官员，很多人对政治体制变革持观望、狐疑的态度。

然而形势不等人，一方面，国内要求立宪的舆论日益高涨，另一方面，活跃于海外的革命势力也愈发壮大，而清政府的专制统治正是他们猛攻的目标。清政府若要有所回应，证明自身的统治合法性，就必须主动立宪，争取民心。

恰巧在这时候，日俄战争以日本胜利而告终。日本与俄国为争夺东北亚霸权大打出手，在双方的战争中，面积不大的岛国日本竟将幅员辽阔的俄国打得落花流水，这个结果实在出人意料。人们普遍认为，日本对俄国的胜利，象征着日本明治维新确立的君主立宪制战胜了俄国落后的君主专制。这下连清政府也不得不相信，立宪政体真的是大势所趋，于是便有了朝廷派员向外国“取经”的创举。

戴鸿慈

端方

绍英

正阳门外的炸弹

光绪三十一年，清廷正式下诏，命镇国公载泽、兵部侍郎徐世昌、户部侍郎戴鸿慈、湖南巡抚端方、商部右丞绍英五人分赴东西洋考察政治。

立宪派自是喜气洋洋，踌躇满志，但对革命党人来说，这消息可就没那么喜庆了。在他们看来，推翻清朝，建立共和，才是中国的唯一出路。腐朽没落的清政府，绝无实现宪政的诚意，所谓新政只是他们笼络人心，阻挠革命，给自己续命的障眼法罢了。于是，他们决定给出洋考察的五大臣送上一份“贺礼”。

1905年9月24日，北京正阳门车站外人头攒动，挤满了前来欢送五大臣的达官显贵。但谁也没有想到，人群中还藏着一个名叫吴樾的革命党人。

吴樾是安徽桐城人，主张以暗杀作为进行反清革命的主要手段。五大臣启程当天，他换上仆役的衣服，混进了考察团乘坐的列车。但是，就在吴樾试图进入五大臣所在的包厢时，他的桐城口音引起卫士的怀疑与拦阻。纠缠之际，吴樾奋身冲进包厢，一面扑向五大臣，一面引爆了贴身捆绑的炸药。一声巨响，吴樾本人当场身亡，而五大臣因为距离较远，且有随从护卫，虽然受伤，却并无性命之忧。

载泽

吴樾

不过，此事一出，仍不免令考察团颜面扫地，且扰乱了人心。慌张之中，出洋被迫延期。这一年10月底，清廷改派尚其亨、李盛铎二人，接替伤势较重的绍英和另有巡警部尚书委任而无法脱身的徐世昌，仍凑足五人出洋。考察团于1905年12月7日和次年1月14日分两批低调出发。

“攘外安内”的“良方”

五大臣背负着立宪派的厚望，冒着被革命党的炸弹暗杀的风险远涉重洋，绝不是一次轻松的公费旅游。考察之后，他们必须拿出一个立宪方案，向朝廷和国人交差。

问题是五大臣与前往考察的各个国家，原本就语言不通，加上时间紧迫，要他们仅凭走马观花地看上一遍，就能成为立宪专家，简直难于登天。

好在天无绝人之路，关于中国如何立宪，维新派早有深入的了解。如果说“洋和尚”的经太难念，那么五大臣还有另一条后路——去找维新派中擅长西学、通晓宪政的大学者们“取经”。进入他们视野的最大名鼎鼎的一位，就是戊戌政变后流亡日本的梁启超。

有研究表明，五大臣就立宪与新政事宜向清政府提出的方案中，很多出自梁启超的捉刀代笔。近年来有学者在北京大学图书馆中发现了一批线装本梁启超手稿，其中部分篇目很可能就是梁启超代端方等考察大臣所拟条陈的底稿。

具有讽刺意味的是，此时的梁启超仍是慈禧太后悬赏十万两白银捉拿的罪人。一名通缉犯兼任清政府最高决策层的“枪手”，不能不说是古今中外罕见的一桩奇事。

不过代笔归代笔，五大臣与梁启超的合作并不意味着清政府对维新派言听计从，而完全没有自己的小算盘。载泽率考察团部分成员抵达日本，日本前首相伊藤博文向他们介绍日本宪法时说：“贵国为君主国，主权必须集于君主一人之身，万不可旁落于臣民。”论及政治自由，伊藤博文又说，“此自由是政府的自由，而非人民之自

戴鸿慈、端方等人在芝加哥考察宪政

由也。”

此番建议，核心在于以立宪为工具，维护君主大权，这恰恰正是清政府的心思。清政府希望的是，通过立宪富国强兵，以便对外抵御列强瓜分，对内压制革命党的崛起，回应社会各界要求进步的政治诉求。至于民主、自由等宪政核心价值，则不是他们关心的重点。这就导致清政府的立宪与维新派及各地士绅所主张的立宪，其实貌合神离。

梁启超

当载泽等人考察归国后，他们提出的首要仿效对象，便是“君上大权万世一系”的日本。载泽还向慈禧太后详细陈述了立宪的三大好处——一是“皇位永固”，即行政责任全在政府各大臣，君主则超然于上，“神圣不可侵犯”；二是“外患渐轻”，想以宪政博取列强尊重；三是“内乱可弭”，也就是用立宪外衣包装集权专制的本来面目，使革命党失去“造反”的理由。这“三大利”的陈述，充分反映了清政府推行新政的动机与出发点，并在后续的立宪过程中得到了实际

考察国外先进的公共设施

五大臣出洋考察的重点虽然是政治和军事，但他们对国外先进的公共设施也有所涉猎。考察团在美国纽约乘坐了轻轨和地铁，端方和戴鸿慈参观了加州大学伯克利分校的报告厅，并应邀进行了演讲。他们还对美国、德国的大型图书馆进行考察，并详细学习了图书借阅的方法。而在丹麦，为了深入了解西方的医疗，他们走访了多家医院。

立宪之利有最重要者三端：一曰皇位永固，一曰外患可清，一曰内乱可弭。
——［清］载泽

贯彻。

依此精神，清政府于光绪三十二年秋宣布“预备立宪”。两年后，清政府颁布《钦定宪法大纲》。这部中国历史上第一份宪法性文件有二十三条内容，其中十四条都是对“君上大权”的说明，充分贯彻了“大权统于朝廷”的主旨，令呼吁立宪的士绅大跌眼镜。清政府同时宣布，“十年后实行立宪”，也就是说预备立宪要预备漫长的九年时间！显然，清政府这是想以拖延战术拒绝交出权力。

清政府这番举动引来一大波“速开国会”的请愿运动。宣统三年（1911年），清廷成立责任内阁，但它的十三名阁员中，一半以上是帝胄宗室，以至于被人讥讽为“皇族内阁”。

至此，由五大臣出洋开始的一系列立宪操作已经向国人证明了清廷立宪的“诚意”，这个朝廷已经彻底失去了民心。宣统三年八月十九（1911年10月10日），也即“皇族内阁”问世五个月后，一场推翻帝制的起义就在武昌爆发了。清廷的立宪改革，如它的主持者所愿，永远停留在了“预备”阶段。（徐　立）

军机处

雍正帝为方便自己随时召见大臣研究军政大事并保守军事机密，设置“军机房”作为临时军事指挥机构。雍正十年（1732年），军机房正式改称“办理军机处”，简称“军机处”。军机处奉命经办一切重大军政事务，成为国家的最高政治中枢。军机大臣的设置、罢免完全取决于皇帝，一切大权都集中在皇帝手里。皇帝通过军机处，完全控制了全国的军政大权。宣统三年（1911年），责任内阁成立后，军机处撤销。

五大臣出洋期间与外国元首合影

袁世凯小站练兵

光绪二十一年(1895年)冬，袁世凯受命入驻天津小站，接手新建陆军督练事宜。此举为蹒跚起步的中国军事近代化进程带来了一次质的飞跃，同时也意外地孕育出一个清末民初之际主宰国运近二十年的军政强人群体——北洋军阀集团。

晚清的军事危机

光绪二十年秋，驻守朝鲜的清军被日军一举击溃。此后六天里，伤亡惨重的清军一路败逃至鸭绿江，日军完全控制了朝鲜半岛。接着在黄海海战和威海卫战役中，一度号称“亚洲第一舰队”的北洋水师，也被日军尽数歼灭。清朝军事的腐败孱弱由此暴露无遗。

清朝赖以立国的八旗铁骑，也曾是一支雄视东亚的武装力量。然而，八旗兵作为兵民合一、不事生产的寄生阶层，在“从龙入关”之后，很快丧失了旧日的战斗力。据说堪与法国国王路易十四、俄国沙皇彼得一世并驾齐驱的康熙皇帝，在平定“三藩之乱”时，不得不转而倚赖从汉人中募集的“绿营兵”。

绿营兵虽能应一时之急，却也难逃历代王朝“承平日久”必致“军备废弛”的魔咒，何况它在鸦片战争后所面对的已是工业革命淬炼出的坚船利炮。紧接着爆发的太平天国运动，更是危及清朝的半壁江山。为镇压太平军，咸丰帝鼓励各地自行招募乡勇，举办团练。曾国藩的湘军、李鸿章的淮军应时而生，改变了清朝的命运。

所谓“改变命运”，并不仅指湘军、淮军击败太平天国，从而延长了清朝的国运。清朝政治的突出特征，就是在中央与地方关系上的强干弱枝，同时奉行“以满驭汉”的满汉双轨体制。然而，自鸦片战争以来，内外交困的局面与朝廷军队的无能，迫使清政府不得不仰仗汉人督统掌握的地方武装维持统治。清朝的覆灭及20世纪上半叶中国的混乱状态，很大程度上便根植于此。

就战术装备而言，李鸿章的淮军大量购买洋枪洋炮，甚至尝试聘用西洋教练，在中国军事近代化的起步阶段已属难能可贵。然而，甲午之败

袁世凯

北洋新军首领袁世凯身着西式军装，但帽饰仍为清代官帽。

不但令洋务自强运动惨淡经营三十余年的心血霎时化为云烟，也让清朝朝野充分认识到，彻底变革军事制度、全面仿照西法训练一支新式陆军，已是迫在眉睫。

光绪二十一年冬，清廷接受李鸿章的军事顾问、德国炮台建筑专家汉纳根的建议，以淮军旧部为基础，在天津马厂编练“定武军”。这支新军于次年移驻天津小站，成为“新建陆军”的前身。

新军既已初具雏形，接下来的难题便是物色练兵的将才。清朝的统治者将目光投向了时年三十六岁的袁世凯。

光绪二十八年袁世凯率领武卫右军护卫慈禧太后回紫禁城

壬午兵变

1876年，朝鲜与日本签订《江华条约》，从此打开国门，此后，各国势力全面进入朝鲜。当时权倾朝野的闵妃（又称明成皇后）试图推翻兴宣大院君时的各种制度，效法清朝的洋务运动进行改革。

1881年，朝鲜创立了新式军队别技军，聘请日本人担任教官。闵妃的改革和亲日倾向引起了朝鲜民众和兴宣大院君的不满。1882年是农历壬午年，多日未曾领到军饷的朝鲜京城五营士兵发动起义，史称壬午兵变。

面临起义士兵的攻击，日本公使和闵妃仓皇逃走，兴宣大院君趁机掌握政权。此后，日本以兵变时使馆遇袭为由派兵入侵仁川，同时，清政府应闵妃的请求，派北洋水师丁汝昌等人率军开赴朝鲜，逮捕兴宣大院君，镇压了起义。起义失败后，闵妃重新执政，日本强迫朝鲜签订了一系列不平等条约，进一步加速了朝鲜的殖民化进程。

袁世凯发迹

袁世凯是河南项城人，他的叔祖袁甲三、养父袁保庆皆由镇压太平军、捻军起家，成为高官。袁世凯早年两度参加科举考试，都名落孙山。豪门家世虽然让袁世凯染上了阔少习气，却也使他很早便熟悉了当时官场中的种种游戏规则，并且萌生了效法先辈、在乱世中以军功博取名位的勃勃野心。因此在科场受挫之后，袁世凯并没有一味失意消沉，而是拍案而起，决定投笔从戎。据说他当时还留下过这样的豪言壮语：“大丈夫当效命疆场，安内攘外，岂能龌龊久困笔砚间，自误光阴耶？”

光绪七年，袁世凯投靠袁保庆的把兄、庆军统领吴长庆，颇受赏识。次年朝鲜发生“壬午政变”，袁世凯随庆军开赴朝鲜，协助吴长庆镇压亲日的开化党，并出面替朝鲜国王训练“新建亲军”，阻挡了日、俄势力在朝鲜的扩张。这些“通洋务”“知兵”的表现引起李鸿章的重视，使李鸿章于光绪十一年保举他为办理中朝交涉事务的通商专员。

甲午战争后，袁世凯抓住重视练兵的舆论机遇，招募幕友翻译编撰兵书十二卷，以效法西洋为主，并将这些著作散发给当朝显贵。同时，他不仅通过大太监李莲英巴结慈禧太后的宠臣荣禄，

王士珍

段祺瑞

冯国璋

并且上下贿赂，走通了以贪鄙著称的庆亲王奕劻的门路，终于赢得奕劻、荣禄乃至恭亲王奕䜣等众多重臣的一致推荐，于光绪二十一年冬正式受命接管定武军。

督练新军

袁世凯也确实有着过人的军事才干，他上任以后，练兵事业的大幅进步有目共睹。原本只有4750人的定武军，被扩编为7300人的新建陆军。这支新建陆军彻底抛弃了以营为单位的旧制，而仿照近代德国军队建制，分为镇、协、标、营、队、排等层级。全军统一征兵标准及军械制式，增设粮饷局、军械局、转运局、洋务局、军医局等前所未有的新名目，建立了一套规模完整、分工明确的后勤保障体系，战斗力大幅提高。

值得一提的是，中国有史以来的第一支军乐队，也是袁世凯在新建陆军中创立的。

执掌新军的袁世凯尤以军纪严明著称。据说有一次，马队哨长范树杞操练时，官帽上的孔雀翎掉落在地。范树杞唯恐触犯军规，竟不敢下马捡拾，跟在他身后的士兵刘朝举于是下马为长官捡起花翎。对这件小事，袁世凯没有放过，他下令重责刘朝举两百军棍，而范树杞也因此丢了乌纱帽。由此，新军上上下下再无一人敢轻易触犯“袁大帅”立下的规矩。

北洋军阀的诞生

光绪二十七年冬，李鸿章去世，袁世凯接任直隶总督兼北洋大臣。而由新建陆军扩充而来的武卫右军，此时已是新军经历八国联军战火摧残之后仅存的硕果，自然成为朝廷眼中的救命稻草。接下来的几年里，袁世凯在保定将武卫右军改建为北洋常备军，并于光绪三十一年将北洋常备军改编为北洋六镇。至此，中国第一支近代化陆军——新建陆军已成长为当时中国最具实力的军事力量。

新建陆军的现代化程度远超此前的湘军和淮军。然而，这支军队的人脉组成方式仍与淮军有着千丝万缕的关系。正如其名所示，湘军和淮军的组织结构显示出强烈的地缘性与宗族性。曾国藩、李鸿章等筹办团练时，先由至亲密友、门生故吏中挑选营官，再由营官自行募练乡勇，兵将之间层层效忠，使得军队日渐成为大帅的私属。

袁世凯本以投靠淮军将领走上仕途，他编练新建陆军的本钱也正是淮军旧部，所以湘淮军中的地缘人脉网络，势必在新军中继续延伸，何况袁世凯网罗才俊、培植私人势力的手腕更是青出于蓝而胜于蓝。并称"北洋三杰"的王士珍、段祺瑞、冯国璋均毕业于李鸿章创办的天津武备学堂，后来也都成为袁世凯编练新军的左膀右臂。其他如曹锟、吴佩孚等叱咤民国政坛的军阀，也均在小站练兵时投入袁世凯麾下。

到北洋六镇成军时，这个以袁世凯为核心的小站集团已经羽翼渐丰。袁世凯正是以这股雄踞京畿的武装力量为后盾，在几年后的辛亥革命中纵横捭阖，乘势攫取了民国首任正式总统的大位。这不仅意味着袁世凯在权力之路上扶摇直上，也标志着由小站集团演化而来的北洋军阀集团从幕后走到前台，在形式上掌握了对全国的统治权，并一直持续到1928年国民革命军攻克北京为止。刚刚走出帝制时代的中国，又将掀开军阀混战、民不聊生的痛苦一页。（徐　立）

20世纪初新军的训练场景

中国同盟会的诞生

清朝末年出现的兴中会、华兴会等多个反清革命团体进行联合，于1905年在日本东京形成了一个全国性的革命组织，这就是中国同盟会。中国同盟会是中国国民党的前身，其组织遍布中国与世界各地的华人社区，后来成功发动了推翻清朝、建立共和政体的辛亥革命。

星火燎原

19世纪末20世纪初，清朝政府的种种作为，表明它已经到了日薄西山的时刻。对内，它镇压了参与戊戌变法的维新派；对外，它一边签下丧权辱国程度骇人听闻的《辛丑条约》，一边又对反抗帝国主义的中国人民举起屠刀。

进入20世纪以后，国民的思想意识逐渐由改良转向革命，形形色色的革命团体如雨后春笋般一个个冒出头来。这些反清组织发行了大量书刊，一边译介西方知识，一边声讨倒行逆施的清政府。一时间，革命运动竟颇有遍地开花之势。

如此景象虽说热闹，但诸多社团林立，也就意味着革命的力量难以集中。一个尤为突出的问题是，这些团体大多带有强烈的地方色彩。譬如，日知会、华兴会、光复会这三个规模最大的会社，它们的主要成员与活动中心就分别集中在湖北、湖南、浙江三省。

华兴会主要领导人

前排左一为黄兴，左四为宋教仁；后排左一为章士钊，左四为刘揆一。摄于日本东京。

怎样打破地缘边界，整合各路人马，形成一个全国性的革命组织，成为摆在革命党人眼前的首要难题。这时，孙中山登场了。

革命先行者孙中山

孙中山本名孙文，号逸仙，流亡日本时化名“中山樵”，因而被称为孙中山。

孙中山是广东香山人。广东地处南方边陲，在历代中原王朝的辐射圈中居于边缘地位，但与外部世界的联系却较内地更为密切，这对孙中山有着很大的影响。

光绪五年（1879年），十三岁的孙中山离开家乡，在香港读书，系统地接受了近代西方化的教育。

在拿到香港西医书院的毕业证书后，孙中山于光绪二十年上书李鸿章，要求变革政治制度，却未得到李鸿章的回复。这件事令孙中山的思想发生转变。他意识到，在清朝的现有体制框架下

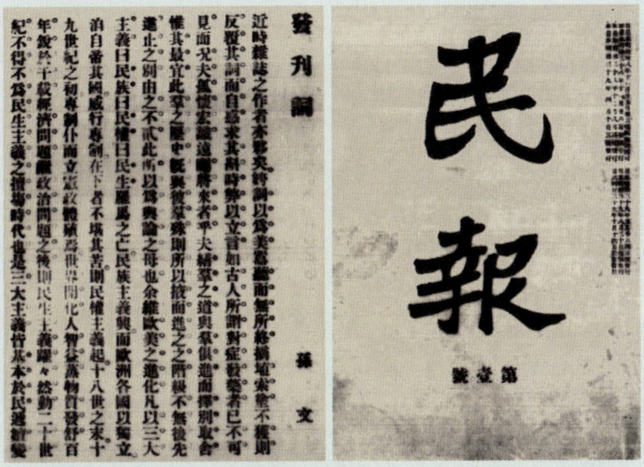

發刊詞 孫文

近時雜誌之作者亦夥矣姱詞以爲美囂聽而無所終摘埴索塗不獲則反覆其詞而自惑求其斟時勢以立言如古人所謂對症發藥者已不可見而況夫孤懷宏識遠矚將來者乎夫繕群之道與群俱進而擇別取舍惟其最宜此群之歷史既與彼群殊則所以掖而進之之階級不無後先進止之別由之不貳此所以爲輿論之母也余維歐美之進化凡以三大主義曰民族曰民權曰民生羅馬之亡民族主義興而歐洲各國以獨立洎自帝其國威行專制在下者不堪其苦則民權主義起十八世紀之末十九世紀之初專制仆而立憲政體殖焉世界開化人智益蒸物質發舒百年銳於千載經濟問題繼政治問題之後則民生主義躍々然動二十世紀不得不爲民生主義之擅場時代也是三大主義皆基本於民遞嬗變

民報

第壹號

中国同盟会机关报《民报》发刊词

谋求改革，是一件毫无希望的事。于是，就在同一年的冬天，孙中山在檀香山成立了首个资产阶级革命团体——兴中会，并且提出“驱除鞑虏，恢复中华，创立合众政府”的政治纲领。

要推翻清朝政府，在反叛者看来，或许并没什么新奇，然而“创立合众政府”，即以共和取代帝制，实在是中国历史上前所未有的主张，这个创举令孙中山成为中国民主革命的伟大先行者。

先行者的路总是布满荆棘的，自那以后，等待孙中山的便是一连串挫败。光绪二十一年，孙中山在广州发动起义，被清政府镇压。

次年，孙中山流亡伦敦时，还遭到清政府驻英公使馆绑架，差点被秘密押解回国处死。多亏他的英国老师康德黎及友人多方设法营救，方才虎口脱险。

屡战屡败、屡败屡战，这种顽强精神为孙中山赢得了巨大声誉和号召力。而且驻英公使馆秘密绑架孙中山引发的外交风波和英国报刊以“清政府无耻绑架革命领袖”为题的报道，不仅给清政府造成了舆论压力，也让国际社会开始注意到中国的革命，并视孙中山为这场革命的代言人。

驱除鞑虏，恢复中华，创立合众政府。

——兴中会入会誓词

革命大同盟

在流亡海外期间，孙中山也一直在关注着组织全国性革命团体的问题。当时，中国留学生的最大据点不在欧洲，而在日本。1905年夏，孙中山抵达东京。随后，经日本友人宫崎寅藏介绍，孙中山与留日学生中威望很高的华兴会领袖黄兴

英国报纸报道孙中山获释

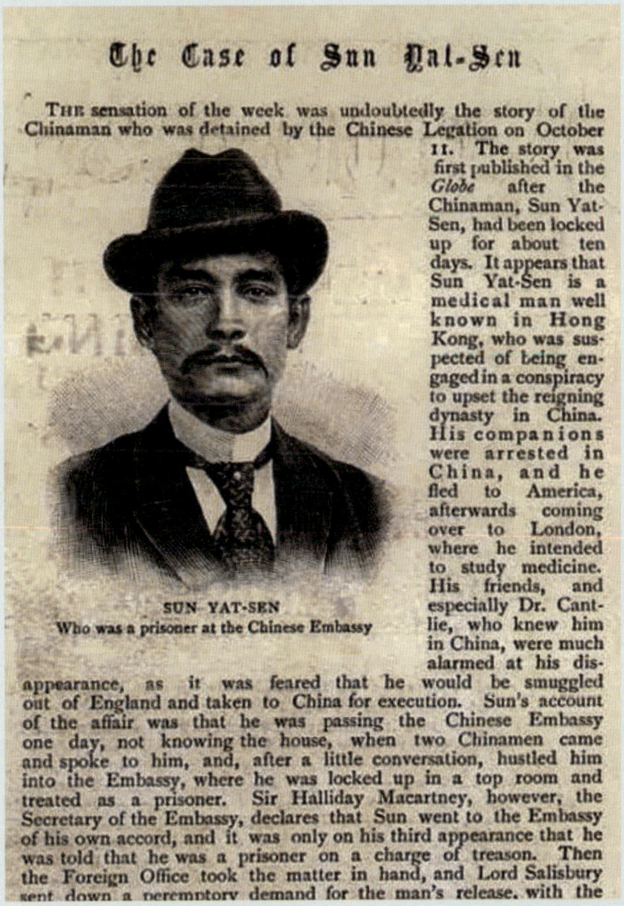

The Case of Sun Yat-Sen

THE sensation of the week was undoubtedly the story of the Chinaman who was detained by the Chinese Legation on October 11. The story was first published in the *Globe* after the Chinaman, Sun Yat-Sen, had been locked up for about ten days. It appears that Sun Yat-Sen is a medical man well known in Hong Kong, who was suspected of being engaged in a conspiracy to upset the reigning dynasty in China. His companions were arrested in China, and he fled to America, afterwards coming over to London, where he intended to study medicine. His friends, and especially Dr. Cantlie, who knew him in China, were much alarmed at his disappearance, as it was feared that he would be smuggled out of England and taken to China for execution. Sun's account of the affair was that he was passing the Chinese Embassy one day, not knowing the house, when two Chinamen came and spoke to him, and, after a little conversation, hustled him into the Embassy, where he was locked up in a top room and treated as a prisoner. Sir Halliday Macartney, however, the Secretary of the Embassy, declares that Sun went to the Embassy of his own accord, and it was only on his third appearance that he was told that he was a prisoner on a charge of treason. Then the Foreign Office took the matter in hand, and Lord Salisbury sent down a peremptory demand for the man's release, with the

SUN YAT-SEN

Who was a prisoner at the Chinese Embassy

孙中山与南洋同盟会成员合影

会面。二人谈及各省反清组织进行联合的战略重要性，一拍即合，组织全国性革命大同盟的时机成熟了。

7月底，组织全国性革命团体的筹备会议在东京召开。除了孙中山，到会的还包括黄兴、宋教仁、陈天华等在内的七十余名各省留学生。会议公推孙中山为主席，并且讨论了新团体的名称与宗旨。有人主张定名为“对满同盟会”，孙中山指出，革命的目的不仅是“排满”，还要彻底颠覆专制制度，建立共和国。此时也有与会者建议，革命者的联盟此时尚在秘密状态，会名中不宜用“革命”二字。几经磋商，大家终于敲定了“中国同盟会”这个日后彪炳史册的名称。孙中山还为同盟会拟定了著名的十六字宗旨：驱除鞑虏，恢复中华，创立民国，平均地权。

经黄兴提议，与会者签订了盟书，并在孙中山的带领下宣誓。

“孙中山”的来历

孙文在日本从事秘密革命活动之际，曾化名“中山樵”。孙文的好友章士钊在编译介绍孙文革命经历的小册子时，对日文还处于一知半解的程度，没有辨别清楚“中山樵”意味着“姓中山，名樵”，结果误将“孙”这个姓与“中山”这个姓叠加，创造出了“孙中山”这个称号。没想到这本革命小册子一经推出，大受欢迎。当时一般民众并不知道“孙文”“孙逸仙”是什么人物，但“孙中山”这个称号却不胫而走，深入人心。于是大家只好将错就错，连孙文本人也默许了“孙中山”这个名字。

随后，孙中山来到隔壁房间，向同志们逐个单独传授同盟会会员接头时的握手暗号及三个密语："汉人""中国物事""天下事"。此事完成后，孙中山高兴地对大家说："为君等庆贺！自今日起，君等已非清国人矣！"

正当人们鼓掌欢庆之际，附近一块木头突然轰隆一下倒塌。众人惊愕之际，反应神速且辩才极佳的孙中山立即向大家解释道："此乃颠覆满清之预兆也！"众人听闻此言，更觉欢欣鼓舞。中国同盟会的筹建事宜至此终于敲定。

在组建同盟会的过程中，黄兴对孙中山的支持格外重要。据当时人回忆，黄兴在留日革命学生中声誉一向很高，为人却"诚恳谦和，与同志一见如故"，对孙中山更是"执弟子礼甚恭，言必称先生，出入必随先生"。因此，黄兴不仅巩固了孙中山的领袖权威，也以身作则地促成了他身边的湖南籍革命党人与孙中山手下的广东同盟会会员打成一片，从而淡化了革命阵营中的地缘隔阂。

中国同盟会的诞生，标志着清末革命有了一个明确的思想纲领和全国性的联络机关，革命即将跨入一个崭新的阶段。未来的"亚洲第一共和国"——中华民国，很快就要破茧而出了。（徐　立）

青天白日旗

青天白日旗是清朝末年革命家陆皓东设计的革命旗帜，原为兴中会使用，后来被继承兴中会的中国同盟会、中华革命党、国民党及中国国民党沿用为党旗，它也是中华民国海军的舰首旗。

1910年的孙中山

南京中山陵穹顶的青天白日旗

图书在版编目（CIP）数据

新时代版上下五千年．清 / 张海鹏总主编．-- 上海：少年儿童出版社，2024. -- ISBN 978-7-5589-1979-4

Ⅰ．K209

中国国家版本馆 CIP 数据核字第 2024AU1605 号

新时代版

上下五千年·清

张海鹏　总主编

王育济　于化民　执行主编

责任编辑 马淑艳　美术编辑 施喆菁

责任校对 陶立新　技术编辑 陈钦春

出版发行 上海少年儿童出版社有限公司

地址 上海市闵行区号景路 159 弄 B 座 5-6 层　邮编 201101

印刷 上海中华印刷有限公司

开本 889 × 1092　1/16　印张 13　字数 271 千字

2024 年 7 月第 1 版　2024 年 7 月第 1 次印刷

ISBN 978-7-5589-1979-4 / G · 3802

定价 86.00 元